KB023466

로크의 정부론

EBS 오늘 읽는 클래식

로크의 정부론
권력의 기원을 찾다

한국철학사상연구회 기획 | 김성우 지음

EBS BOOKS

서문

'로크' 하면 무엇이 떠오르는가? 경험론, 백지설, 사회계약론, 자유민주주의, 계몽주의……

이 낱말들은 우리가 사는 시대에 이미 상식이 되어버린 탓에 식상한 개념처럼 느껴진다. 그래서인지 로크의 철학은 썩 매력적으로 다가오지 않았다. 철학적인 깊이는 물론 문학적인 재미도 없을 것이라 지레짐작했다. 독일 관념론이 뿜어내는 사색의 멋과는 더욱 거리가 멀어보였다.

그런데 학위 논문을 쓰면서 만난 로크는 고지식하고 딱딱하기만 한 철학자가 아니었다. 평생을 대학에서 연구하고 강의하는 것으로 보내는 철학자도 있지만 로크는 달랐다. 물론 그도 처음에는 평범한 학자에 불과했다. 하지만 당시 최고의 야당 실력자이자 풍운아인 섀프츠베리 1세 백작을 만나면서 그의 미래가 바뀌었다. 백작과 함께 정치적 역정을 겪으면서 청교도 혁명기를 지나 갈등이 극에 달하던 영국 정치 격변기의 한복판에 서게 되었다. 로크의 삶은 이렇게 완전히 달라졌다. 그는 이론으로만 사회를 탐구한 것이 아니라, 직접 몸으로 부딪쳐 느끼고 고뇌하면서 현실을 알게 되었다. 그의 자유주의 사상은 이처럼 철저하게 현실 경험을 바탕으로 한 실천철학이었다.

오늘날에는 당연하게 여기는 개인의 자유, 국가 권력의 삼권 분립, 사유재산권 인정 등이 모두 로크가 정교하게 다듬은 개념들이다. 그의 사상은 미국 헌법의 철학적 기초가 되었고, 오늘날 자유민주주의 국가를 이끌어가는 원칙이 되었다. 철학적으로 보았을 때, 현대는 '로크의 시대'이다.

로크의 사상은 애덤 스미스 및 존 스튜어트 밀의 사상과 더불어 현대사회를 이해하는 창이다. 조선이라는 사회가 '사서삼경'이라는 유교의 고전 위에 성립되었다면, 현대 자본주의 사회는 정치적인 면은 로크의 『정부론』, 경제적인 면은 스미스의 『국부론』, 윤리적인 면은 밀의 『자유론』 위에 성립되었다. 오늘날 우리가 일상생활에서 사용하는 기본 어휘들은 모두 이

세 권의 책에서 비롯된 것이라고 해도 무방하다. 또한 여기에서 논의한 원칙과 개념들은 지금은 너무나 당연하고 자연스러워 도리어 진부하게 느껴질 정도이다. 그러나 로크, 밀, 스미스의 명성과 이들이 현대 사회에 기여한 정도에 비해 그들의 책을 직접 읽은 사람은 별로 없다.

로크의 글을 읽으면서 현실의 원리와 논리를 탐색하는 실천철학에 관심이 생겼다. 물론 로크의 『정부론』은 이론적으로나 실천적으로나 한계가 있다. 그에 대한 비판 논리와 대안을 찾고자 힘쓰는 작업도 필요하다. 하지만 그의 자유주의를 찬성하든 반대하든 오늘을 사는 우리는 한 번쯤 그의 책을 읽어야 한다. 『정부론』에는 현대의 정치적 원칙들이 원형의 형태로 체계적으로 제시되고 있기 때문이다. 아울러 로크의 사상을 바탕으로 새로운 이론을 만들어낸, 그 이후 철학자들의 책 속에 로크는 여전히 살아 있기 때문이다.

로크의 『정부론』은 분량과 내용 면에서 평범한 독자들이 완역본으로 읽어내기에 상당히 어렵다. 그래서 그 핵심 내용을 최대한 간결하면서도 쉽게 전달하고자 노력했다. 또한 그의 핵심 사상의 현대적 의미를 밝히면서 이를 비판적인 맥락 속에서 해석하려 했다. 고전적 자유주의, 복지자유주의, 신자유주의를 이해하고 싶은 독자들에게 자유주의와 민주주의의 결합

형태와 그 갈등 양상도 함께 전달하고자 했다.

자유민주주의는 시장 경제와 경제 민주화의 충돌과 타협의 정치체제이며 자유도 시장의 자유와 시민의 자유가 부딪히는 갈등과 통합의 개념이다. 그런데도 자유민주주의를 시장의 자유로만 이해하는 협소하고 낡은 시각이 언론에 등장하고는 한다. 이는 냉전 시대의 반공 프레임에 얽매인 탓이다. 이런 한국적인 맥락에서 로크의 『정부론』을 읽는 것은 자유민주주의 개념과 그 역사적 변천을 이해하는 데 기여하리라고 생각한다. 이것이 철학 고전을 읽는 이유이리라. 이 입문서를 통해 독자가 독서의 즐거움과 생명력을 느껴보기를 고대한다.

2021년 겨울
김성우

차례

3장 철학의 이정표

일러두기

『정부론』의 원래 제목은 『정부에 관한 두 논문』이다. 여기서 사용하는 『정부론』 판본은 표준적 비판본인 *Two Treatise of Government*, ed. P. Laslett, 2nd edn.(Cambridge University Press, 1967)이다.

1장

자유주의 철학자 존 로크

우리는 세계화와 능력주의를 몰랐다

한 청년이 대학 졸업장이 없어 좋은 대접을 받지 못할 때, 다시 말해서 연봉과 직업 선택, 사회적 인식이라는 면에서 차별받을 때 그는 과연 우리 사회에서 사는 것이 행복할까? 그렇지 않을 것이다.

만약 대학을 졸업하고도 직업을 구하지 못해 몇 년간 실업자나 저임금 비정규직으로 지낸다면 과연 앞으로도 우리나라에서 살고 싶을까? 그렇지 않을 것이다.

비록 안정된 직장에서 정규직으로 평온하게 살다가도 그동안 성실하게 일해온 기업에서 구조 조정의 일환으로 해고 통

프레카리아트

프레카리아트(precariat)는 저임금·저숙련 노동에 시달리는 불안정 노동 무산계급을 가리키는 신조어이다. 이 말은 이탈리아어로 '불안정한'이라는 의미의 프레카리오(이탈리아어: precario)와 무산 계급을 뜻하는 프롤레타리아트(독일어: proletariat)의 합성어이다.

지를 받거나 비정규직 전환 통지를 받는다면 과연 우리 사회를 저주하지 않을 수 있을까? 그렇지 않을 것이다.

신자유주의적 세계화의 추세 속에서 대기업 정규직이자 백인이며 남성의 노조를 대표하는 프롤레타리아트 형태의 전형적인 노동자가 새로운 형태의 '불안정한 비정규직 노동자(프레카리아트)'가 되었다. 신자유주의적인 경쟁과 능력주의의 세례를 받은 시대를 사는 사람이라면 극히 일부를 제외하고 누구나 이런 삶의 비극에 처할 수 있다. 오히려 극히 일부의 사람들은 이런 삶의 위협에서 비껴 서 있거나, 아니면 이런 삶의 위협을 조장하며 더 큰 이익을 누릴 수 있을 것이다. 1퍼센트 미만에 해당하는 소수의 부자가 부를 더 효과적으로 축적하는 대가로 대부분의 시민이 빈곤화되고 그 삶의 질이 악화되고 있다. 더군다나 능력주의는 공정 경쟁이라는 이름으로 이러한 양극화를 정당화하는 이데올로기가 되었다.

세계화

두 명의 독일인 저널리스트인 한스 피터 마르틴과 하랄트 슈만이 지은 『세계화의 덫』(영림카디널, 2003)에 따르면 세계화를 주장하는 사람들이 퍼뜨린 신화는 다음과 같다. 세계화란 끊임없는 기술의 발전과 지칠 줄 모르는 경제 성장의 결과이며, 이것은 지극히 당연한 '자연적인' 과정이라는 것이다. 그러나 세계화, 즉 범세계적인 경제 통합은 시장의 세계화로서 자연적인 과정이 아니라 자본가들과 이들의 돈을 추종하는 정치·경제·지식 엘리트들이 목적의식적으로 만들어낸 전략의 결과이다. 신자유주의적 세계화는 국가에 의한 관리 감독보다는 탈규제화, 무역과 자본의 자유화, 공공 기업의 민영화, 세금 감면과 복지 축소, 노동의 유연화 등을 대표적인 기본 정책으로 삼는다. 이런 정책들은 시장주의자들의 정권이나 IMF나 WTO와 같은 국제기구를 통해 차츰차츰 실현됐다. 이 모든 것은 결국 자본의 자유로운 운동을 위한 싸움에 동원된 장치다. 이로써 지구 위에 존재하는 어느 나라나 어느 누구도 시장의 수요와 공급 법칙이라는 냉혹한 현실로부터 벗어나기 어렵게 되었고 불평등은 세계화되었다. 이에 불만을 품은 시민들을 이용한 정치적 흐름이 트럼프류의 극우 포퓰리즘이다. 1995년 9월 말 미국 샌프란시스코에 있는 역사적인 장소인 페어몬트 호텔에 이러한 세계를 구상한 선구적인 사람들이 모였다. 거기에는 소련의 마지막 대통령이었던 미하일 고르바초프와 2001년에 미국 대통령이 되는 조지 부시, 1980년대 내내 영국의 수상이었던 마거릿 대처도 있었다. 세계적 언론 재벌인 CNN 방송사의 설립자 테드 터너를 비롯해 금융계의 지도자나 유명 대학의 경제학 교수들도 있었고, 싱가포르나 아시아에서 온 자유무역의 밀사들도 있었다.

1990년대 중반에 세계 리더들이 그린 사회상은 '탄탄한 중산층도 없고, 저항할 세력이 없는 부유한 나라'이다. 이런 사회가 바로 '20 대 80의 사회'이다. 기존의 복지 국가가 국민의 3분의 2를 포함하려고 했다면 새롭게 출현할 신자유주의 사회는 20퍼센트의 인구에게만 사회복지와 사회적 지위가 주어지고 80퍼센트의 사람이 사회로부터 배제되는 사회이다. 그런데 25년이 흘러 이 계획은 대단히 효율적으로 실행되어 처참하게도 1 대 99의 양극화 사회를 만들게 되었다.

게다가 문제는 그런 극단적인 양극화 사회가 일부에 의해 기획되고 조정되고 있다는 점이다. 이로 인해 보통 사람들은 모르게 끔찍한 과정이 진행된 것이다. 다시 말해 신자유주의적 비전이 구체적인 정책으로 실현됨으로써 시민의 삶의 질이 악화되는 민주주의 퇴화가 일어난 것이다. 이러한 삶의 질 악화와 민주주의 퇴화가 세계 엘리트들의 기획에 의한 작품이라는 점이 참으로 놀랍지 않은가? 현대 세계는 '민주주의 없는 자유주의'가 지배하게 되었다.

최근 들어서야 이런 비극적인 상황이 '세계화의 덫'임을 알게 됐다. 하지만 1997년 IMF 외환 위기 당시에는 세계화의 본질을 제대로 본 지식인이 거의 없었다. 세계화는 기술적 혁신인 정보화와 더불어 '새로운 자유주의'를 추진하는 원동력으로 이해되었다.

하지만 신자유주의 세계화는 친자본적인 시장만능주의로서 '민주주의 없는 자유주의'이다. 이는 보수주의자들이 능동적으로 주도한 공세로 일어난 일이다. 이로써 친자본주의적 사상이 세계 사상계를 지배하게 된다. 진보주의자들이 더 이상

· Concept Word ·

보수주의

보수주의란 현재의 지배 체제를 고수하며 질서와 안정을 중시하는 정치적인 태도이다. 원래는 프랑스 왕당파인 샤토브리앙 자작이 1818년 기관지인 《보수주의자(Le Conservateur)》를 발간하면서 사용한 말이었다. 왕정복고의 정당성을 옹호하던 왕당파의 정치적 입장 또는 이념을 나타내는 용어로 사용되었다. 그 당시에는 왕정을 지지하는 사람들이 보수주의자였고 로크식 자유민주주의를 주장하는 사람들은 진보주의자였다. 현대에는 자유민주주의를 옹호하는 사람들이 보수주의자이다. 그 기준은 현재의 지배 체제가 무엇이냐에 달려 있다. 따라서 보수주의란 역사적으로 그 지시 대상이 변화하는 상대적인 개념으로 이해해야 한다.

이슈메이커의 자리에 있지 못하고 수세에 몰린다. 이러한 현상이 일어난 이유는 1989년 현실 사회주의의 몰락 이후 정치 담론의 헤게모니가 진보 진영에서 보수 진영으로 넘어갔기 때문이다.

1990년대 중반 이후 세계 역사에 등장한 '세계화'라는 글로벌 정책이 세계 리더들의 기획 작품인 줄도 모른 채 우리 사회가 아시아적 부패 경제에서 벗어날 수 있는 기회라며 열광했던 우리 언론과 방송의 부끄러운 행태가 아른거린다. 세계화는 우리나라에 세계 표준으로 강요된 것이다. 우리는 1997년 벌어진 외환 위기에서 벗어나고자 구제 금융을 지원받는 대가로 IMF(국제통화기금)가 제시한 일련의 경제 프로그램을 무조건 수용하기로 했다. 이로써 우리에게 세계화의 문이 활짝 열린

존 로크의 초상. 고드프리 넬러의 그림(1697).

것이다.

IMF 외환 위기 이후로 20여 년 동안 우리는 구조 조정과 비정규직으로 대변되는 일련의 양극화 현상이 점점 심화되고 있음을 목도했다. 그런데 2008년 미국발 글로벌 금융 위기는 신자유주의 세계화의 파탄을 상징한다. 그 이후 신자유주의 세계화에 대한 노동자와 서민의 불만으로 인해 미국과 유럽에서 극우 포퓰리즘 운동이 등장했다.

2016년 트럼프가 미국 대통령에 당선된 의미를 이런 역사

능력주의

능력주의는 메리토크라시(meritocracy)를 번역한 말이다. 영국의 마이클 영 (Michael Young)이 1958년에 출간한 『능력주의 부상』이라는 책에서 귀족주의적 세습주의에 대한 반대말로 고안한 것이다. 능력주의는 가문이나 출신, 혈통이 아니라 개인 독립성을 강조하는 로크의 개인주의를 바탕으로 하고 있다. 개인의 능력을 중시하는 태도는 17~18세기의 시민혁명 이후 기존의 귀족적 세습주의를 대체하는 새로운 이데올로기였다. 하지만 영이 이 말을 만들 당시인 20세기 중반에 이르러 능력주의는 세습적 엘리트주의로 전락하기 시작했다.

적 상황에서 읽어낼 수 있다. 월가를 비롯한 1퍼센트의 엘리트에게는 더 많은 혜택이 돌아갔지만 나머지 99퍼센트 시민은 고통의 나락으로 점점 빠져들고 있었다. 우리 사회와 전 세계가 세계화의 덕을 보고 있는 것일까 아니면 세계화의 덫에 빠진 것인가? 대답은 자명하다.

가장 충격적인 사실은 세계적인 엘리트들이 세계화 프로젝트를 통해 불평등한 사회를 꿈꾸었다는 점이다. 그런데 더욱 큰 충격은 그런 꿈이 현재 우리 사회와 전 세계에서 실현되고 있다는 점이다.

실업자나 비정규직으로 고달픈 삶을 살고 있는 나의 비참한 현실이 과연 내 능력 탓이란 말인가? 내 능력과 노력이 부족해서 생긴 일이라면 당연히 이런 처지를 일부 내 탓으로 수

궁할 수 있다. 그렇지만 내 능력과 노력이 부족하다고 해서 우리 사회로부터 내가 전적으로 배제당하고 착취당하는 것이 과연 정당할까? 능력주의는 과연 공정한가?

능력주의를 강조하는 사람들은 개인의 자유와 시장에 의한 분배를 강조한다. 이런 사람들이 정치적으로 보수주의자에 해당한다. 오늘날 보수주의의 언어는 개인의 자유, 재산권의 소중함 등을 강조한 존 로크의 자유민주주의 정치철학에서 기인한다. 이러한 로크의 자유주의로 되돌아가자는 신자유주의 이념은 친시장과 친자본의 보수적인 이데올로기이다.

로크의 삶과 저작

존 로크(John Locke)는 1632년 영국 서머싯주 링턴 마을에서 태어났다. 청교도 혁명(1640~1660)이 일어나기 8년 전의 일이다. 그의 집안은 농촌의 평범한 중산층이었다. 아버지는 서머싯 지방의 법률가로 그 지방 치안판사의 비서였으며, 어머니는 신앙심이 깊고 인정이 많은 사람이었다. 둘 다 청교도였다.

아버지가 물려주신 약간의 재산과 인맥으로 로크는 중앙 무대에 등장할 수 있었다. 이 재산 덕택에 로크는 평생 가난을 모르고 살았다. 그리고 로크는 아버지의 상사였던 영국 의회 의원의 지원을 받아 런던에 있는 귀족 학교로 알려진 웨스트민스터학교에 입학한다. 1652년에는 옥스퍼드대학 안에서도 명문인 크라이스트처치칼리지에 들어가 정통 엘리트 코스를 밟으며 성장한다.

로크는 웨스트민스터학교에서 학문의 기초를 쌓았을 뿐만 아니라 훗날에 필요한 정치 인맥의 기초를 쌓기도 했다. 당시 왕족과 귀족 자제들이 다닌 웨스트민스터학교는 왕권 중심적인 사상이 강했다. 원래 보수적이고 조심스러운 성격이던 로크와 잘 맞았던 것이다. 사실 로크의 초기 책들은 매우 보수적이다. 개인의 권리보다는 국가의 권위를 앞세우는 식이다. 소년기의 로크는 보수주의자였다고 말할 수 있다.

흔히 말하는 보수주의자는 재산이 거의 없는 가난한 사람의 편이기보다는 재산이 많은 부자의 편이며, 기존의 질서와 전통을 존중한다. 기존의 질서가 자신들한테 유리하고 이익이 되기 때문이다. 그리고 변화를 두려워하고 싫어한다. 이처럼 보수라는 말은 이미 가지고 있는 권리를 옹호하고 변화를 거부하는 정치적 신념을 말한다. 반대로 새로운 것을 좋아하고 기존의 것을 바꾸어보려는 신념을 진보라고 부른다.

로크는 재산 관리가 꼼꼼하여, 땅을 빌려 농사를 짓는 소작인들에게 너그러운 편이 아니었다. 정치에 관한 최초의 글을 보면, 로크는 통치자의 권위를 중시한다. 명예혁명 이후 쓴 글

청교도혁명 당시 왕당파와 의회파 간에 벌어진 영국 내전. 1645년 네이스비 전투 장면.

에서도 로크는 가난을 제도보다는 개인 탓으로 돌리고 있다. 소년 시절 로크는 보수주의자였다.

하지만 크라이스트처치칼리지에 들어가면서 상황이 달라졌다. 로크가 다닌 대학은 각자 믿는 종파가 다를지라도 그 종파를 박해하지 말아야 한다는 '종교적 관용'의 분위기가 지배하던 곳이다. 그런 분위기 속에서 로크는 정신적으로 변화를 겪었다. 소년 시절의 편협했던 보수주의와 웨스트민스터학교

시절의 왕권주의 분위기에서 다소 벗어날 수 있었던 것이다. 그리고 비로소 자유주의적 성향이 조금씩 싹트기 시작한다.

자연과학에 매료되다

17세기 당시 유럽은 자연과학의 새로운 방법론이 태어나는 시기였다. 로버트 보일(Robert Boyle, 1627~1691)과 아이작 뉴턴(Sir Isaac Newton, 1643~1727) 같은 과학자들은 자연과학을 생각만으로 연구하는 것에 반대하고 실험을 통해 연구하려 했다. 자연을 '관찰'하기 시작한 것이다. 갈릴레오 갈릴레이(Galileo Galilei, 1564~1642)는 낙하법칙을 증명하기 위해 높은 탑에서 물체를 떨어뜨려봤다. 갈릴레이는 관찰만 한 것이 아니라 물체를 떨어뜨리는 구체적인 '실험'을 한 것이다. 관찰은 자연을 보는 것이고 실험은 인위적으로 자연을 다루는 것이다. 둘 다 무엇인가를 알기 위해 '경험'을 한다. 이전까지 머릿속에 떠오르는 생각만으로 발전시켰던 과학과 전혀 다른 경험과학은 이렇게 태어났다. 예를 들어 수학 방정식은 몸으로 경험하지 않고 생각만으로 풀 수 있다. 이렇게 관찰과 실험을 하지 않는 수학은 경험과학이 아니다. 로크는 관찰과 실험으로 자연과학을 연구하는

왕립과학협회 창립을 주도한 존 에블린과 협회 문장.

경험과학에 매력을 느꼈다. 의학을 공부하기로 결심한 것도 그
때문이다. 그 당시 대학에서 유일하게 허락된 자연과학이 의학
이었기 때문이다.

　로크는 의과 대학을 다니면서 당시 유행병의 권위자인 토
머스 시드넘(Thomas Sydenham, 1624~1689)과 공동으로 연구하여
많은 성과를 올리기도 했다. 이러한 공적을 인정받아 그는 왕
립과학협회 회원이 된다. 1675년에는 의학사 학위를 수여받아
비로소 의사가 되었다.

정치 세계로 들어가다

1666년 여름 로크는 온천으로 놀러 온 앤서니 애슐리 쿠퍼 경(Anthony Ashley Cooper, 1st Earl of Shaftesbury, 1621~1683)을 만났다. 쿠퍼 경은 휘그당을 이끄는 지도자였다. 첫눈에 로크의 학문과 화술에 이끌린 쿠퍼 경은 로크를 자신의 주치의로 삼았다. 그렇게 서로 좋은 관계를 발전시켜나가던 중 쿠퍼 경이 간 종양에 걸렸다. 이때 로크는 쿠퍼 경을 성공적으로 수술하여 목숨을 구했다. 로크는 이 일로 쿠퍼 경에게 한없는 신망을 얻어 그의 비서이자 조언자로 정치 활동을 시작하게 되었다. 자연에 대한 관심에서 시작한 의학 공부가 역설적으로 정치 세계로 나아가는 길을 열어준 것이다. 쿠퍼 경이 정치적으로 매우 빠르게 성장하여 섀프츠베리 1세 백작이 되자 로크도 현실 정치에 많이 관여하면서 의사보다는 정치철학자의 삶을 살게 되었다.

섀프츠베리 백작은 자유주의 정치가였다. 그는 경제가 번영하려면 종교가 다르다는 사실을 인정해야 한다고 생각했다. 그래야 외국과 자유롭게 무역을 할 수 있기 때문이다. 또 외국과 무역을 많이 해야 영국 경제가 번창할 수 있다고 여겼다. 섀프츠베리 백작의 이런 자유주의 성향은 로크에게 그대로 전해진다. 초창기의 보수주의자 로크가 변화하기 시작한 것이다.

휘그 당수 섀프츠베리 1세 백작.

경험론자가 되다

섀프츠베리 백작은 철학에도 관심이 많아 친구들과 토론을 즐겼다. 로크 역시 토론이 열리면 적극적으로 참여했다. 이들은 주로 종교와 도덕의 인식 문제에 대해 논의했다.

당시 널리 퍼져 있던 정치와 종교의 갈등을 해결하기 위해서는 종교와 도덕에 대한 올바른 의견이 필요했다. 올바른 의견을 갖기 위해서는 무언가를 알아야 하고, 바로 그 '안다'는 것이 '인식'이다. 이를테면 몸을 치료하기 위해서는 몸에 대한 올바른 진단이 필요하고, 올바른 진단을 내리기 위해서는 몸에 대해 알아야 한다. 인간의 앎(지식)과 관련된 문제들을 다루는 철학 분과를 '인식론'이라고 한다.

로크의 관심은 인식론으로 옮아가고, 인간의 지식이 '경험'에서 비롯된다는 '인식론'의 토대를 마련한다. 앞서 말한 경험 과학에서 큰 영향을 받은 것이다. 태어날 때 인간의 머릿속은 흰 종이처럼 깨끗하게 비어 있다. 하지만 경험을 통해 뇌라는 종이에 글씨가 하나둘씩 쓰인다. 그렇게 해서 인간의 뇌에 관념이라는 것이 속속 생겨나는 것이다.

관념이란 어떤 것에 대한 생각을 뜻한다. 이를테면 '사랑의 관념' 하면 사랑에 대한 생각을 말한다. 사랑의 관념은 사람마다 차이가 있을 수 있다. 어떤 사람은 사랑을 달콤하다고 생각하지만, 어떤 사람은 씁쓸하다고 생각하기도 한다. 즐거운 경험을 한 사람은 '달콤하다'는 '관념'을 갖게 될 것이고, 반대로 짝사랑의 아픈 경험을 한 사람은 '씁쓸하다'는 '관념'을 갖게 될 것이다. 이처럼 관념은 경험에서 온다. 로크가 '경험론자'라고 불리는 것은 경험을 통한 관념을 중시하기 때문이다.

경험론에서는 도덕이나 종교에 관한 여러 관념들은 경험의 결과일 뿐이라고 생각한다. 태어날 때부터 있었던 것이 아니라

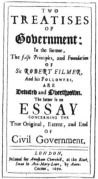

존 로크의 『인간지성론』과 『정부론』 표지.

는 것이다. 태어날 때부터 관념을 가지고 있다면 이것은 '독단'
이 된다. 독단은 자기주장만을 옳다고 여기고 다른 주장을 거
부하는 것을 말한다. 따라서 종교와 도덕에 대한 독단은 나와
다른 주장을 박해하려고 한다. 심지어 전쟁을 불러일으키기도
한다. 독단주의는 도덕과 종교에 대한 특정한 관념들을 기초로
생겨난 것이다. 따라서 로크는 무서운 독단주의에 대한 치료법
으로 경험을 기초로 한 인식론을 주장한 것이다.

활발한 저작 활동

가톨릭 신자인 제임스가 왕위에 오르려 하자, 휘그당의 지도자인 섀프츠베리는 이를 반대했다. 섀프츠베리는 혁명을 계획했으나 실패하고 휘그당의 제임스 2세 암살 계획도 발각되고 말았다. 로크도 1683년에 네덜란드로 피신해야 했다. 네덜란드는 종교와 정치적 자유가 허락된 나라였다. 그는 유럽 출판의 중심지인 네덜란드에서 『인간지성론』 『관용에 관한 편지』와 같은 원고를 완성했다. 1689년 '명예혁명'이 일어나 왕정이 폐지되고 공화정이 들어서자 영국으로 되돌아올 수 있었다.

57세가 될 때까지 출간 저서가 하나도 없던 로크는 1689년에 익명으로 『관용에 관한 편지』와 『정부론』을 발표했다. 또한 로크라는 이름으로 『인간지성론』을 잇달아 발간했다. 1693년에는 익명으로 『교육론』을 발표했는데, 이것은 로크가 친구 부부에게 자녀를 어떻게 키워야 하는지를 조언하는 편지로 시작한다. 어린이의 심리 발달에 대한 냉철한 통찰을 보여주는 책이다.

그리고 1695년에는 『기독교의 합당성』을 익명으로 발표했는데, 이는 로크의 마지막 저서이자 중요한 책으로 평가받는다. 여기서 로크는 이성화된 기독교 신앙을 주장한다. 신앙에 반대한 것이 아니라 광신주의에 반대한 것이다. 이 책으로 인해 신앙이란 무엇인가에 대해 격렬한 논쟁이 일어났다. 이 때문에 로크는 자신이 쓴 책이라는 사실을 죽기 직전까지 공개하지 않았다. 만약 그의 이름이 알려졌다면 정부의 고위직을 두루 거치면서 평온한 삶을 살 수 없었을 것이다.

우리는 왜 『정부론』을 읽는가

우리는 지금도 로크가 이야기한 것들을 매일 만나고 있다.

'정부의 인력과 예산이 너무 비대해졌다. 작은 정부를 만들어야 한다.'

'나의 인생은 나의 것인데 왜 부모님이 나의 진로에 간섭하는가?'

'국민의 자유를 억압하고 언론의 입에 재갈 물리는 독재 정권을 타도하자!'

'모든 인간은 생명, 자유, 재산에 대한 천부적 자연권을 가지고 태어났기 때문에 누구에게도 자유를 빼앗길 수 없다.'

'사법부가 대통령의 눈치를 보지 않고 독립해야 공정한 재판이 이루어진다.'

'부동산 투기를 막기 위해 정부가 규제를 가하는 것은 시장의 원리에 맞지 않는다.'

'내 돈 내가 쓰는데 왜 사치세를 물리는가?'

이와 같은 언급들을 신문과 방송에서 흔하게 볼 수 있다. 물론 이 언급들의 기본 논리와 개념은 로크의 『정부론』에서 기인한 것이다. 몇백 년 전에 이미 죽은 한 사상가의 책을 오늘 우리가 읽는 이유는 이와 같이 흔히 맞닥뜨리는 말들의 기초가 되는 개념과 원리들을 이 책이 제시하고 있기 때문이다. 이런 이유로 17세기에 쓰인 『정부론』은 오늘을 사는 우리에게도 대단히 중요한 책이다.

자유주의의 역사적 변천 과정

"'자유주의적(liberal)'이라는 말은 강자가 시장의 규칙에 따름에 의해 약자를 때려눕히는 자유를 의미하기도 하고, 혹은 스스로의 능력을 행사하고 발전시키는 모든 사람의 평등하고 실질적인 자유를 의미하기도 하기 때문이다. 후자의 자유는 전자의 자유와 모순된다."(크로퍼드 맥퍼슨, 『자유민주주의에 희망은 있는가』)

현대 정치사상에서 자유주의는 중심적인 위치를 차지하고

있다. 그리고 실제로 현실에 작동하는 경제체제의 주요 사상이다. 그러므로 현실을 이해하고 비판하려면 당연히 자유주의에 대한 이해가 필수적이다. 자유주의를 모른다면 우리는 자신이 살고 있는 현실을 제대로 이해하지 못한다.

고전적 자유주의의 출발점은 사적 소유권을 정당화한 로크의『정부론』과 시장의 자기 조정 능력에 근거한 자유무역과 최소국가를 주창한 애덤 스미스(Adam Smith)의『국부론』이라고 할 수 있다. 신자유주의의 전도사인 프리드리히 하이에크(Friedrich Hayek)의 스승인 루트비히 폰 미제스(Ludwig von Mises)에 따르면 고전적 자유주의란 "생산수단의 사적 소유의 기초 위에 자유로운 선택을 보장해주는 사회질서 수립"을 추구한다.

이러한 고전적 자유주의를 창시한 사람이 존 로크이다. 로크에 따르면 사회와 국가라는 것은 자연적으로 생긴 것이 아니라 사람들, 즉 자연적인 권리를 지닌 평등한 개인들이 계약을 통해 인위적으로 만든 인공물이다. 따라서 왕의 권위도 신이 준 것이 아니라 계약을 통해 획득된 것이므로 왕이 계약을 지키지 않고 국민을 괴롭힌다면 그 왕에 저항할 수 있다. 이런 이유로 자유주의는 왕권 중심의 절대주의에서 벗어나는 논리를 마련한 진보적인 사상으로 역사의 무대에 등장한다.

로크로부터 시작된 자유주의는 회의주의 철학자 데이비드

에든버러의 세인트 자일스 성당 앞에 있는 애덤 스미스 동상.

흄(David Hume)과 비판철학자인 이마누엘 칸트(Immanuel Kant)를 거치면서 더 정교한 철학적 뒷받침을 얻게 되며, 공리주의자인 존 스튜어트 밀(John Stuart Mill)에 의해 민주주의와 결합된 정치 이론으로 발전하고, 스코틀랜드의 도덕철학자이자 경제학자인 애덤 스미스에 의해 경제 이론이자 자본주의 체제를 뒷받침하는 이데올로기가 된다. 여기서 이데올로기란 마르크스식의 허위 의식이 아니라 대중을 동원하기 위한 정치 이념이다.

흔히 애덤 스미스의 자유주의를 자유방임주의라고도 한다. 이는 스미스가 국가의 부를 늘리려면 국가가 경제에 간섭하지 않고 경제를 유지하기 위한 최소한의 역할(치안)만을 담당해야 한다고 주장했기 때문이다. 그래서 자본주의 경제체제에서는 국가가 아닌 시장이 경제를 조정하는 역할을 담당한다. 자유주의는 시장주의라고도 불린다. 이런 맥락에서 자유주의, 자본주의, 시장경제라는 말들을 거의 동의어로 간주해도 무방하다.

애덤 스미스는 아침에 자신이 빵을 먹게 되는 것은 농부와 제빵업자의 자비심이 아니라 그들의 돈을 벌기 위한 이기심 때문이라고 본다. 따라서 자유주의는 인간 행위의 모든 동기를 이기심에서 찾는다. 고대의 거의 모든 철학자나 종교가는 이기심이 모든 악의 근원이라고 비판했다. 하지만 근대에 들어 이기심은 비로소 긍정적인 의미를 얻게 된다.

자유주의는 이기심을 긍정적으로 해석한 이데올로기이다. 이기심을 긍정하게 되면 이기심의 충돌을 막을 도리가 없다. 이기심의 충돌은 결국 강한 자가 좋아하는 쪽으로 해결된다. 그러나 스미스는 이기심의 갈등이 시장의 메커니즘인 수요와 공급의 법칙이라는 '보이지 않는 손'에 의해 해결될 것이라고 낙관했다. 이는 아직 스미스의 시대가 자본주의 여명기에 불과했기 때문이다. 즉 자본주의의 문제점이 아직 본격적으로 전면에 부각되지 않았기 때문이다.

산업혁명 이후로 시장이라는 '보이지 않는 손'에 의해 해결

1931년 대공황기에 뉴욕의 실직자들이 미국 정부의 실패한 정책에 항의하는 모습.

되지 않는 경제 위기가 주기적으로 발생했다. 특히 1920년대 말에 벌어진 세계 대공황이라는 전대미문의 사건으로 인해 자본주의 체제는 극심한 위기와 혼란에 빠졌다. 세계 대공황을 이해하려면 우리나라가 겪었던 IMF 위기가 전 세계적으로 더 극심하게 벌어진 현상으로 보면 된다. 수많은 사람들이 파산하거나 실직해 거리에 내몰리게 되었다. 시장이 이기심의 충돌을 조절할 것이라고 믿었던 미국 정부의 순진한 믿음으로 인해 상황은 더 악화되었다. 보이지 않는 손이 안 보이면 이를 시장 실패라고 부른다. 시장 실패의 결과인 대공황은 본질적으로 부익부 빈익빈이라는 양극화를 일으키는 자본주의의 근본 모순에서 기인한다.

세계 대공황의 원인은 부익부 빈익빈으로 인해 회사에 비해 힘이 약한 일반 서민과 노동자들의 주머니가 빈약해져 물건을 살 수 있는 능력(구매력)이 떨어졌기 때문이다. 구매력이 떨어졌다는 것은 공장에서 만든 물건이 팔리지 않고 창고에 쌓이는 것을 의미한다. 재고가 지나치게 많아지면 회사나 공장의 비용 부담이 심해져 끝내 도산하게 된다. 회사의 도산은 그 회사에 근무하던 사람들의 실직을 의미한다. 이는 물건을 살 수 있는 사람이 더 적어진다는 것이고 다시 더 많은 회사의 도산으로 이어진다. 이런 악순환이 계속되어 주가는 폭락하고 거리에 실업자가 넘치는 대공황이 발생하는 것이다.

자본주의의 고질적인 부익부 빈익빈 문제를 자유주의가 주장하는 대로 시장은 해결할 수 없었다. 시장은 강자와 약자의 힘의 균형을 조절하지 못하기 때문이다. 시장은 언제나 강자의 편을 들고 만다. 시장에 맡기면 강자는 더 강해지고 약자는 더 약해진다. 그 결과로 독점이나 카르텔과 같은 불공정 거래가 생겨난다. 독점금지법이나 공정거래위원회 같은 약자 보호 제도를 고안하게 된 배경도 시장의 기능으로는 독점 기업의 힘을 막을 수 없기 때문이다.

존 메이너드 케인스(John Maynard Keynes)라는 영국의 케임브리지대학의 천재는 이러한 시장의 무능을 해결하는 방법으로 정부의 적극적인 역할을 주장했다. 정부가 자본주의의 근본 문제인 부의 불평등 심화를 개선하기 위해 실업자를 구제하고 가난한 사람들에게 복지 혜택을 줘서 어느 정도의 구매력을 유지해야 한다. 이러한 정책을 시행하는 새로운 자본주의 체제를 복지국가 또는 수정자유주의라고 한다.

현실 사회주의의 몰락과 더불어 다시 등장한 자유주의는 복지국가를 비판하며 자본이 많은 사람들을 옹호하고 가난한 사람들을 내버려두는 보수적인 이데올로기이다. 다시 말해서 자유주의는 그동안 복지국가의 형태로 공산주의나 사회주의와 타협하면서 자신을 눌러왔다. 그런데 자신의 경쟁 사상인 공산주의가 위기에 빠지자 독주할 준비를 하면서 자신을 새롭게 변모시켰다. 자유주의의 새로운 모습이 세계화와 IMF로 대변되는 신자유주의이다.

신자유주의는 영국 수상이었던 마거릿 대처(Margaret Hilda Thatcher)의 이름을 빌려 대처주의라고도 하고 미국의 로널드 레이건(Ronald Reagan) 대통령의 이름을 따서 레이거노믹스라고도 한다. 신자유주의는 가난한 사람들에게 돌아갈 복지를 줄이고 부자들의 세금을 감면함으로써 축적한 자본을 바탕으로 부자와 기업이 더 높은 생산성과 더 많은 이윤을 추구하도록 격려하는 사상이다. 이 사상이 퍼지면서 자본이 자신의 이익을 찾아 국경이라는 울타리를 넘어 자유롭게 이동하게 된 현상이 바로 세계화이다.

세계화의 본질은 자본의 세계화이다. 이 자본의 세계화에 대비하려면 자본이 더 많은 이윤을 얻도록 기업을 저비용 고효율 형태로 구조조정을 해야 한다. 그런데 구조조정은 많은 사람이 일자리를 잃는 것을 의미한다. 두 사람이 일하는 것보다 한 사람이 두 사람 몫의 일을 하는 것이 효율적이기 때문이다. 구조조정은 바로 이 효율성을 겨냥하며 사회 양극화를 심화시킨다. 세계화로 인해 전 세계는 경제 불황과 재정 위기, 사회 양극화와 이로 인한 불안정을 극심하게 겪고 있다. 이러한 세계화의 모습이야말로 신자유주의가 구체적으로 구현된 형태인 것이다.

자유주의와 민주주의의 관계

이탈리아 정치철학자인 노르베르토 보비오(Norberto Bobbio)의 『자유주의와 민주주의』에 따르면 민주주의와 자유주의는 서로 다른 기원을 지니고 있다. 다시 말해 고대 그리스에서 기인한 민주주의와 근대 사회계약론에서 기인한 자유주의는 각자 별도의 길을 걸어왔다. 더군다나 역사적으로 오랜 기간에 걸쳐 자유주의와 민주주의는 대립했다.

그런데 19세기에 차츰 실질적 평등이라는 이상이 형식적 권리에 기초를 둔 평등한 투표권에 의한 절차적 이상으로 전환되면서 민주주의는 자유주의와 결합되었다. 이로 인해 자유민주주의가 탄생했다. 보비오가 생각한 자유주의와 민주주의의 관계는 다음과 같이 세 가지로 나타날 수 있다.

1) 자유주의와 민주주의는 양립 가능하다. 양립 가능하다고 해서 자유주의적이지만 비민주주의적인 국가나 민주주의적이지만 자유주의적인 국가의 가능성이 배제되지는 않는다. 강자 중심의 비민주적인 자유주의가 신자유주의이다. 반면에 모든 시민의 실질적 자유를 보장하려는 민주적인 자유주의는 복지자유주의이거나 급진민주주의이다.

2) 자유주의와 민주주의는 대립적이다. 보수적인 자유주의자는 민주주의가 극단까지 실현되면 이 시장경제가 중심인 자유주의 국가가 파괴된다. 이러한 주장은 신자유주의를 대표하는 사상가인 프리드리히 하이에크의 『치명적 자만』과 『노예의 길』의 주요 논지다. 이와는 달리 복지자유주의자나 급진민주주의자처럼 민주주의는 대기업이나 부자 같은 강자 중심의 최소국가론을 포기하고 경제 민주화를 실현한 사회국가(복지국가)에서만 충분히 실현될 수 있다. 이러한 입장은 케인스주의 경제학자인 폴 크루그먼(Paul Krugman)의 『경제학의 향연』이나 장하준의 『나쁜 사마리아인들』, 그리고 크로퍼드 맥퍼슨의 『자유민주주의에 희망은 있는가』에 잘 드러난다.

3) 자유주의와 민주주의는 자유주의적 이상을 충분히 실현할 수 있다. 그래서 오직 자유주의적인 국가에서만 민주주의가 효과적으로 작동할 수 있다.[1] 이러한 생각은 냉전 시대에 작동했던 반공 이데올로기의 주요 논지다. 미국의 많은 이데올로그들이 실증적인 데이터로 이러한 주장을 입증하려고 시도한 바 있다.

---

1 Norberto Bobbio, *Liberalism and Democracy*, London and New York: Verso, 1990, pp. 37~49.

오늘날의 자유민주주의는 공식적으로는 세 번째의 자유주의와 민주주의의 필연적인 연관성을 명분으로 내세우며 자유주의가 발전해야 민주주의 실현이 가능하다고 주장하지만, 실제로는 첫 번째의 자유주의적이지만 비민주주의적인 국가로 전개되고 있다. 이는 신자유주의적 세계화에서 제대로 구현되고 있다. 한마디로 신자유주의는 민주주의 없는 자유주의다.

민주주의 없는 자유주의

"재산이 없는 곳에는 불의(不義)도 없다."(존 로크)

로크와 스미스가 창안한 고전적인 자유주의는 크게 두 가지 의미를 지닌다. 첫째로, 사유재산제와 이에 바탕을 둔 자본주의적 경제체제에 대한 이념적 서술이다. 둘째로, 이러한 질서를 유지하고 강화하기 위한 정책적 방향과 원칙을 밝힌 정치적 강령이다. 보통 전자를 경제적 자유주의, 후자를 정치적 자유주의라고 부른다. 자유주의의 그와 같은 의미들은 오늘날 신자유주의 철학의 대표 주자로 간주되는 하이에크의 스승인 폰 미제스의 다음과 같은 발언에서 명백히 드러난다.

고전적 자유주의자들은 자유주의 이념을 실천하는 데 있어서 생산수단의 사적 소유라는 기초 위에 개개인의 자유로운 선택을 보장해주는 사회 질서 건설의 필요성을 역설하였다. 그러한 사회 질서를 건설함에 있어서 경제적으로는 기업들의 자유로운 생산 활동을 보장하고 시장 기구를 통한 자원의 배분을 중시하는 자본주의 제도와, 정치적으로는 국민의 기본 인권을 보장하는 입헌 대의정치체제를 확립하는 것이 필요하다고 보았다.(폰 미제스, 『자유주의』, 서문)

그런데 자유주의의 본질은 정치적인 것이 아니라 경제적인 것이다. 다시 말해서 자유주의의 핵심적 이념은 사적 소유권과 이러한 권리를 바탕으로 개인의 자유로운 선택을 보장하는 시장 구조에 관한 신뢰이다. 정치적 강령은 이러한 시장 구조를 보호하는 보조 장치라고 봐야 한다.

자유주의, 특히 경제적 자유주의는 과연 윤리적인가? 다시 말해서 정당한 제도인가? 특이하게도 자유주의 사상가들이 자유주의의 정당성을 논의할 때 도덕적인 근거보다는 현실적인 사실을 앞세우는 경향이 있다. 예를 들어, 그들은 사적 소유권과 시장 구조의 현실적 성과가 자유주의의 정당성을 입증한다고 주장한다. 눈앞에 드러난 결과를 가지고 논증하기 때문에 자유주의 담론의 정당화 논의는 매우 강력하게 느껴지는 면이 있다.

하지만 경험적인 결과가 보편성에 대한 주장으로 확장되는 추론은 언제나 논리적 비약의 문제점을 지니기 마련이다. 자유주의 사상가들의 정당화 담론은 일종의 귀납 추론에 해당한다. 귀납 추론은 성급한 일반화의 오류를 범할 가능성이 늘 있다. 이는 특수하고 부분적인 사실이 이론 전체의 진리를 필연적으로 확증해주지 못한다는 뜻이다. 논리적 비약이 있는 귀납을 하는 이유는 자유주의 사상가들의 논증 방식이 이론적이지 않고 이데올로기적인 의도로부터 나온 것이기 때문이다. 이데올로기적인 주장은 대체로 대중 선동적이고 다분히 감정에 호소하기 마련이다. 폰 미제스의 다음과 같은 발언에도 이러한 논리적 비약이 숨어 있다.

> 생산수단의 사적 소유와 그로 인하여 발생하는 부와 소득분배에서의 불균등이 그 나름대로의 사회적인 기능을 지니고 있으며 사회적으로 필요하다는 것을 밝히려는 우리의 노력은 동시에 사유재산제도 및 그것에 근거를 둔 자본주의적 사회질서가 지니는 도덕적 정당성을 입증하려는 것이 된다.(같은 책, 1장 6절)

폰 미제스의 정당화 전략은 생산수단의 사적 소유와 부의 불평등이 사회적인 기능이 있어 필요하다는 현실적인 측면으로부터 자본주의적 사회 질서의 도덕성을 입증하려고 시도한다. 이처럼 현실성을 근거로 논의한다는 것은 (경제적) 자유주의의 이론적 빈곤함을 간접적으로 보여주는 것이 아닌가?

자유주의는 자신의 이론적 빈곤을 감추고 보완하려고 재산권을 보호하고 시장 제도를 유지하도록 고안된 다소 강제적인 정치 조직과 사법 질서를 요구한다.

> 다음 단계, 즉 자본시장의 창설과 대량의 고정자본을 갖는 제조업의 발달은 다소간의 강제적인 정치적 질서를 수반하였다. 보다 복잡하고 비개인적인 교환 형태가 발전함에 따라 개인적인 유대, 자발적인 제약, 그리고 추방은 더 이상 유효하지 않기 때문이다. 이것들이 중요성을 잃는다는 것은 아니다. 이것들은 우리의 상호의존적 세계에서 여전히 의미가 있다. 그러나 유효한 비개인적인 계약이 존재하지 않을 경우, 배반으로 얻는 이득이 그러한 복잡한 교환을 제압할 수 있을 정도로 충분히 크다. 안정적 재산권은 공간과 시간을 넘어 계약을 실효성 있고 공평하게 집행하는 정치적, 사법적인 조직을 필요로 할 것이다.(노스, 『제도·제도변화·경제적 성과』, 13장)

신자유주의에 대한 하이에크의 정의

"후에 전체 유럽에 자유주의 운동이라고 알려지게 된 것을 고무시켰고 미국 이주자(American colonists)들이 함께 건너가서 그들의 독립투쟁이나 헌법의 설립 과정을 이끌어주었던 개념을 제공해준 것은 바로 영국 휘그당의 이상이었다. 사실상 이 전통의 성격이 프랑스혁명으로 인한 첨가(전체주의적 민주주의, totalitarian democracy)와 사회주의적 교훈(socialist learnings)에 의해 변형될 때까지 '휘그(Whig)'는 일반적으로 불리던 자유주의자 정당의 이름이었다. (…) 사상의 진화에 대해 배우면 배울수록 나는 내가 단지 투철한 구(舊)휘그라는 사실을 점점 더 깨닫는다. (…) 그 근본원리들은 여전히 구(舊)휘그의 것이다."(하이에크, 『자유헌정론』 후기)

　이 인용문에서 경제적 자유주의는 정치적 자유주의를 필요로 한다는 점이 드러난다. 비록 자유주의는 개인의 자유를 절대 가치로 추구하지만 결코 지배가 없는 무정부주의(아나키즘)는 아니다. 이런 이유로 최소국가, 작은 정부가 자유주의의 국가관이다. 근대 자유주의 이론의 선구자인 로크와 스미스의 국가관에서 이런 면모가 잘 드러난다. 최소국가란 재산의 보호를 가장 주된 목적으로 삼는다. 이는 신자유주의의 정책적 대변가인 밀턴 프리드먼(Milton Friedman)의 다음과 같은 언명에 잘 나타나 있다.

　　물론 자유시장이 존재한다고 정부가 필요없는 것은 아니다. 정부는 '게임의 규칙'을 정하는 법정으로서도 필요하고, 정해진 규칙을 해석하고 집행하는 중재자로서도 당연히 필요하다.(밀턴 프리드먼, 『자본주의와 자유』)

통상적으로 자유주의를 경제적 자유주의와 정치적 자유주의로 구분하는 사람들도 있지만, 자유주의자에게 정치는 단지 경제의 도구일 뿐이다. 따라서 자유주의를 굳이 둘로 구분하는 것은 그리 유의미하지 않다. 자유주의의 본질은 경제적인 것이다. 물론 정치의 수단적 기여도를 간과해서는 안 된다. 수정자유주의니 복지자유주의니 하는 자유주의의 변종들은 자유주의의 경제적 문제점을 보완하기 위해 정치의 방향을 도덕적으로 바꾼 것이다. 하지만 그 많은 진화와 변형에도 불구하고 자유주의의 경제적 본질은 영국의 고전적 자유주의의 출발점이 되는 로크의 휘그주의로부터 현재 정점에 도달한 듯한 하이에크와 프리드먼으로 대표되는 신자유주의에 이르기까지 그대로 유지된다.

1970년대는 고전적 자유주의의 대안이었던 케인스의 복지자유주의가 위기에 빠진 시기였다. 이때 현대 신자유주의의 철학적이고 역사적인 토대를 서술하여 그 부활에 크게 영향을 끼친 이가 하이에크이다. 신자유주의의 대표적 철학자로 명성을 날린 하이에크의 전략은 고전적 자유주의, 다시 말하면 로크식의 예전 휘그주의 복원이었다. 그런데 신자유주의는 민주주의 없는 자유주의이다. 신자유주의를 주창한 하이에크는 이를 로크의 자유주의로의 회귀라고 선언했다.

능력주의는 공정하다는 착각

최근에 우리나라 보수 정당과 기성 언론의 언어가 안보와 자유에서 공정으로 변화했다. 시장의 자유를 금과옥조로 이야기하던 보수가 신자유주의적 세계화의 극심한 불평등과 2008년 세계 금융 위기로 수세에 몰렸기 때문이다. 또한 북미 회담과 한반도 평화 프로세스 앞에서 안보라는 단어도 더는 마법의 힘을 갖지 못한 데 있다. 이런 시대적 추세 속에서 마침내 보수 언론이 마법 지팡이로 찾아낸 새로운 언어가 공정이다.

그런데 보수의 공정은 공정한 경쟁 절차라는 의미에서 존 롤스(John Rawls)가 말하는 공정과 거리가 멀다. 오히려 공정으로서의 정의를 외친 롤스가 보기에 불공정에 가깝다. 이러한 기성 언론의 의도는 불평등을 개혁하려는 정책을 비판하고 제도화된 불평등을 옹호하여 보수 세력의 기득권을 보호하기 위함이다. 그래서 현재의 공정 프레임은 '공정이라고 쓰고 불공정'이라고 읽으면 된다. 공정성의 본래 의미는 능력주의가 아니라 약자를 위한 규칙을 만드는 데 있다. 특권이 허용되는 제도화된 불평등한 규칙 아래서의 기회의 균등이 아니다. '평등', '공정', '노력', '능력'은 존 롤스의 『정의론』(1971년)에 등장하는 핵심 개념이다.

롤스가 말한 원초적 입장이란 자신의 개인적 특성이나 사회적 위치를 모르는 무지의 베일을 덮어쓴 상태에서, 서로에게 무관심한 합리적 당사자들이 모든 사람에게 적용되기를 바라는 분배 원칙을 선택하는 가상적 상황을 말한다. 각 당사자는 원초적 입장에서 무지의 베일을 덮어쓰고 있기 때문에 자기중심적인 관점에서 벗어난다. 이 상황에서는 자신이 가장 열악한 계층이 될 가능성도 고려하지 않을 수 없다. 그래서 모든 사람, 아니면 적어도 사회의 최소 수혜자들에게는 이득이 되도록 정의의 원칙을 설정하지 않을 수 없다. 원초적 입장에서 무지의 베일을 덮어쓰는 집단적 행위는 현실에서는 불가능하다. 이런 이유로 롤스가 제시한 공정성으로서의 정의는 현실적이 아닌 가상적 계약의 산물이다.

기성 언론의 공정 프레임은 롤스가 말한 공정성과 거리가 있고, 오히려 특권을 능력주의로 옹호하려는 목적을 지니고 있다. 이런 맥락에서 능력주의적인 '공정'은 실제로는 '불공정'의

한 손에 칼을, 다른 손에는 저울을 들고 눈을 가린 정의의 신.

효과를 낳을 수 있다. 현재의 공정 프레임은 능력주의적 세습을 정당화하고 있다. 북한의 정치 세습도 논란거리지만, 우리나라의 경제 세습도 마찬가지로 커다란 사회문제로 봐야 한다. 경제 세습에서 기성 언론도 자유로울 수 없다.

한마디로 공정 프레임의 역할은 능력주의적 세습 포장이다. 마이클 샌델(Michael J. Sandel, 1953~)의 '능력의 독재'라는 말처럼 이러한 공정 프레임의 목적은 불평등의 제도화를 추구한다. 이를 잘 보여주는 사례가 인천국제공항에서 비정규직 직원을 정규직으로 전환하는 정책을 불공정하다고 한목소리로 외치는 언론의 행태이다. 입사 시험과 같은 능력 테스트를 거치지 않았다는 이유를 불공정의 근거로 든다.

기성 언론의 공정 프레임은 롤스식 공정성을 추구하는 것이 아니라, 공정성을 포장지로 내세워 경제 세습을 정당화하려고 시도한다. 이는 부동산 문제에서도 잘 드러난다. 예를 들어 2018년을 기준으로 고시원에 거주하는 사람의 월평균 소득은 200만 원 미만 비율이 51.3퍼센트에 달한다. 그들의 평균 월세는 32만 8,000원으로, 고시원·고시텔의 월세가 33만 4,000원으로 부담이 가장 크고, 판잣집·비닐하우스의 월세가 22만 2,000원이다. 이에 반해 종합부동산세 50만 원 대상이다가 250만 원이 된 래미안 대치팰리스는 7년 전 13억 원이었지만 31억 원이 되었다. 그 재산세는 월평균 20만 8,000원이다. 판잣집에 살려면 22만 원을 내는데 대치팰리스를 소유하면 이보다 적은 20만 원을 낸다.

미국 언론의 문제점을 '동의 조작(여론 조작)'이라고 비판한 놈 촘스키(Noam Chomsky)의 지적이 있다. 지식인의 사명은 19세기 미국 수필가인 에머슨의 말처럼 "민중이 우리의 멱살을 잡지 않도록 민중을 교육해야 한다"는 데 있다. 이러한 동의 조작이 보수 언론이 던진 공정 프레임의 숨은 의도이다.

이미 밝혔듯이 공정성이란 '약자를 보호하는 규칙 만들기'

다. 규칙 자체가 불평등하면 기회의 균등이나 능력주의 모두 불평등을 재생산할 뿐이다. 예를 들어, 재벌의 자녀나 노숙자의 자녀가 모두 대학에 갈 기회가 있다. 이것이 기회 평등의 요지다. 현대인이라면 출생에 따라 분배하는 신분제를 불합리하다고 여긴다. 출생은 우연의 요소가 강하게 작용하기 때문이다.

그런데 존 롤스나 마이클 샌델은 능력도 출생만큼이나 우연과 행운의 요소에 기인한다고 본다. 물론 자기 노력도 있지만 좋은 부모와 사회 속에서 살아야 그 능력을 제대로 발휘할 수 있기 때문이다. 국내 프로 리그에서 외면받아 일본 무대에서 뛰던 박지성 선수도 히딩크와 퍼거슨이라는 감독을 만나 능력을 제대로 발휘할 수 있었다. 또한 축구가 글로벌 비즈니스화된 세상을 만나 돈을 많이 벌 수 있었다.

만약 똑같은 위치에서 무지의 베일을 덮어쓰고 신분제 사회와 평등 사회를 선택하라고 한다면 보통 사람이라면 당연히 평등 사회를 선택할 것이다. 왕자보다는 노비로 태어날 확률이 더 높기 때문이다. 마찬가지로 지금의 입시나 채용 제도를 과연 선택할까? 그렇지 않을 것이다. 이른바 스펙을 많이 쌓지 못하는 경우가 대부분일 것이기 때문이다. 다시 말해 엘리트 계급에 속할 확률보다는 서민에 속할 확률이 절대적으로 높다는 것이다. 이런 관점에서 보면 우리 사회의 스펙 위주 입시와

실존주의

사르트르는 실존주의를 통해 개인의 자유와 인간의 존엄을 옹호한다. "실존이 본질에 앞선다"는 유명한 실존주의 구호이다. 장인이 어떤 공예품을 만들 때는 먼저 그것에 대한 개념을 가지고 설계하고 이를 특정한 절차에 따라 실현한다. 따라서 개념적 설계도(본질)가 실현된 작품(실존)에 선행한다. 여기서 개념적 설계도는 본질에 해당한다. 본질은 어떤 사물의 무엇임을 지칭하는 것이기 때문이다. 책상이란 무엇인가를 물을 때, 이 물음은 책상의 본질을 묻는 것이다. 이런 뜻에서 본질이란 어떤 사물을 규정하는 핵심적인 그 무엇에 해당하는 것이다. 반면에 실존이란 어떤 사물이 실제로 존재한다는 사실, 즉 존재 방식을 가리킨다. 그런데 사르트르가 영향을 받은 하이데거는 인간의 존재 방식에만 실존이라는 낱말을 허용한다. 신도 실존하지 않고 나무도 실존하지 않고 돌도 실존하지 않고 예술 작품도 실존하지 않는다. 오로지 인간만이 실존한다. 인간만이 존재의 의미를 드러낼 수 있는 유일한 현존재이기 때문이다. 그래서 실존이란 인간에게만 고유한 존재 방식인 것이다.

채용 제도는 불공정하다고 규정할 수 있다.

우리나라 사람들이 절대적 기준으로 여기는 객관성도 바로 공정성이 아니다. 인간이 아닌 인공지능 알고리즘이 하면 공정성이 확보되는가? 수학자인 캐시 오닐(Cathy O'Neil)의 『대량살상 수학무기』는 편견을 가진 인간과 달리 감정이 없는 기계가 객관적 수치를 사심 없이 처리하는 객관성에 대해 맹신하는 태도를 비판한다. 오닐은 2008년 월가 발 세계 금융 위기를 겪으며 수학과 금융이 결탁해 만든 파괴적인 힘에 환멸을 느낀다. 장밋빛으로 보이는 빅데이터 경제가 실은 부익부 빈익빈의

코뮌주의(공산주의)

코뮌주의 사회의 모델은 1871년 3월 18일, 프로이센군에 굴복한 프랑스 정부에 맞서 파리 시민들이 봉기하여 시민선거로 수립한 파리 임시정부인 파리 코뮌이다. 이 파리 코뮌은 이후 두 달 동안 존속한다. 파리 코뮌은 파리 시민 주도의 정부로서 징병제와 상비군 폐지, 시민에 의한 국민군 설치, 종교 재산의 국유화, 공장주가 버린 공장에 대한 노동조합의 관리, 노동자의 최저생활보장 등에 대한 정책과 법령 등을 공포한다. 이러한 파리 코뮌에서 마르크스는 노동의 경제적 해방이 실현되는 새로운 사회의 모델을 읽게 된다. 그가 그려본 사회는 인간에 의한 인간의 착취와 억압 및 지배가 없으며 인간에 의한 자연의 소유와 지배가 없는 사회이다. 이렇게 해서 "코뮌의 역사는 사회주의의 신화"가 된다. 코뮌주의(communism)란 코뮌(commune)과 주의(ism)의 합성어이다. 앞으로 공산주의라는 말 대신에 코뮌주의라는 말을 쓰는 이유다. 공동재산 또는 공동생산을 뜻하는 공산이라는 말은 경제적으로 한정된 의미만 전달하기에 코뮌이라는 말의 정치적 함의를 다 전달할 수 없기 때문이다.

양극화를 심화시키고 민주주의를 파괴할 가능성을 보았기 때문이다.

그에 따르면 빅데이터 경제의 원동력은 수학 모형 프로그램이다. 하지만 이 프로그램도 인간의 선택에 기반을 두고 있다. 악한 의도건 선한 의도건 간에 인간의 선입견과 오해 및 편향성이 반영되어 코드화로 이뤄진다. 그가 몸담았던 금융업계도 마찬가지였다. 인간의 선택이라는 주관적 평가에 가중치를 부여하는 대다수 수학 모형 알고리즘으로 인해 인종과 부, 민족과 문화와 얽힌 편견을 코드화하여 다수의 빈자와 약자는 더욱 가난해졌고 소수의 부유층은 더욱더 부유해졌다.

더욱 문제인 점은, 수학 모형 프로그램의 알고리즘이 신의 결정처럼 일반인에게 공개되지 않고 반박 불가능하며 수정 불가능한 객관적인 것으로 여겨진다는 점이다. 현대의 수학자와 컴퓨터 과학자가 성경과 신의 뜻을 독점한 종교 사제가 되었다. 요즘 편향적이라고 비판받는 다음과 네이버의 뉴스 알고리즘이 대표적인 예이다.

다시 한번 말하지만, 공정은 약자를 보호하는 규칙 만들기다. 객관성도 아니고 능력주의도 아니다.

모든 사람이 자유로워야 진정 자유로운 사회이다

장폴 사르트르(Jean-Paul Sartre)의 실존주의적 휴머니즘에 따르면 모든 사람이 진정하게 자유로운 사회를 건설해야 한다. 인간은 자유로운 선택을 할 수 있는 존재자이다. 그래서 모든 사람이 진정으로 자유로운 사회가 되는 데 방해가 되거나 소수만이 자유롭고 억압과 착취가 존재하는 사회에 대해서는 비판하는 동시에 이러한 사회의 문제점을 해결하거나 문제의 사회 구조를 바꾸기 위해 참여(앙가주망, engagement)해야 한다.

사르트르는 평생 단 한 번도 자유를 부정한 적은 없지만 그렇다고 해서 무책임하게 자유만 주장하지는 않았다. 코로나 19 팬데믹 상황에서 마스크를 안 쓸 자유를 외치는 것은 타인과 자신의 건강을 위협하는 충동적인 자유에 지나지 않는다. 내가 자유롭다고 해서 안전벨트를 매지 않아 자신을 위험에 빠트리거나 충동적으로 행동해서 타인의 권리를 침해하면 안 된다. 비록 마스크는 마스크 상인의 것이고 백신도 제약회사의 소유이지만, 팬데믹이라는 전 세계적 재난 상황에서 국가는 시민의 건강 보호를 위해 이들의 재산권을 제한하며 가격을 통제할 수 있다.

1930년대에 처음으로 정치를 인식하게 된 많은 지식인들과 마찬가지로, 사르트르는 소수만이 자유롭고 다수가 착취당하거나 억압당하는 자본주의 대신에 "자유로운 개인들의 자유로운 연합"인 마르크스의 코뮌주의(공산주의)를 죽을 때까지 옹호한다. 다시 말해서 그가 가장 빈번하게 말한 것처럼 모든 구성원이 똑같은 수준의 자유를 누릴 수 없는 한 어떤 사회도 자유롭지 않다는 것이다. 죽은 자본이 살아 있는 노동을 지배하는 자본주의의 소외 구조 속에서 노동계급의 자유가 특권층인 자본가 계급의 자유보다 훨씬 더 제한되어 있으므로, 인간의 자유를 증진시키고자 하는 지식인의 최우선 과제는 만인이 자유로운 사회주의 사회를 건설하는 데 참여해야 하는 것이다.

지식인의 비판적 기능은 비록 자신의 직업적 활동과 기능의 수준에서 작동되어야 하지만, 결국은 그 사회가 안고 있는 근본적인 모순을 폭로할 수밖에 없다. 다시 말해서 지식인은 "지배 계층이 그들의 이익을 위해 주장하는 진리와 신화 및 그들이 그 자신의 지배 권력을 유지하기 위해 사회의 다른 계급에서 강요하며 보존시키고 있는 가치와 전통들의 모순점을 인식"해야 한다. 모순된 사회에서 태어난, 자유롭지만 이 자유를 실현할 책임이 있는 지식인은 그 사회의 모순을 내재화시켰으므로 바로 그 모순된 사회의 증인이라 할 수 있다.

만인이 자유로운 사회에 대한 비전은 루소의 일반의지로부터 시작해 헤겔의 이성 국가론에서 전개된다. 그는 전통 사회의 수직적 위계질서에 바탕을 둔 공동체적 요소와, 근대의 평등하지만 개인주의적 요소를 모두 지양하여, 만인이 자유로우면서도 서로 화해하는 공동체 사회를 꿈꾼다.

헤겔의 이러한 이성 국가를 비판하면서 마르크스와 엥겔스는 『코뮌당 선언(공산당 선언)』에서 자본에 구속받지 않고 삶과 노동의 주인이 되는 "각 사람의 자유로운 발전이 모든 사람의 자유로운 발전이 되는 연합체"를 제시한다. 코뮌주의란 프롤레타리아트 해방의 여러 조건에 관한 학설로, 인간을 소외시켜 불행하게 만드는 '자본주의 사회를 뒤집어엎고 사유 재산이 없는 사회주의 사회를 건설하는 것'을 목표로 한다. 그러한 사회는 '과학적 사회주의 사회'이자 '코뮌주의 사회'이다.

마르크스는 『파리 초고』로 알려진 『경제학 철학 수고』(1844)에서 코뮌주의를 서술한다. "코뮌주의란 인간의 자기 소외의 원인이 되는 사유재산권을 긍정적으로 지양하며 이에 따라 인간에 의해서 인간을 위해 인간 본질을 진정으로 회복하는 것입니다. 또 이에 따라 인간이 사회적인, 즉 인간적인 인간으로 스스로 복귀하는 것입니다. 이 복귀는 완전하고 의식적이며 이전의 발전 전체의 풍부함 안에서 생겨난 것입니다. 이러한 코뮌주의는 완전한 생태주의로서 휴머니즘이며 완전한 휴머니즘으로서 생태주의입니다. 코뮌주의는 인간과 자연의 투쟁, 인간과 인간의 투쟁의 참다운 해결이며 실존과 본질의 갈등, 대상화와 자기 활동성의 갈등, 자유와 필연의 갈등, 개인과 공동체의 갈등의 진정한 해소입니다. 코뮌주의는 역사의 해결된 수수께끼이며 자기 스스로 이 해결책임을 알고 있습니다."

자유주의의 가면 벗기기

자유주의자가 자신을 정당화하는 최고의 무기이자 정치적 적대자를 비판하는 '전가의 보도'가 인권이다. 자유주의 국가인 미국은 사회주의 국가인 중국의 인권 상황을 비판하며 자기 체제의 우월성을 간접적으로 드러내기도 한다. 그러나 마르크스는 자유주의적 인권 개념을 비판했다. 사실 자유주의적 권리와 인격 개념에 대한 마르크스의 비판을 빌미로 소비에트 공산주의나 중국 공산주의자들이 권리, 특히 사상과 언론의 자유권을 억압하는 문제가 생겨나기도 했다.

그러나 마르크스는 자본가 중심의 권리 개념을 비판한 것이지 권리 일반을 부정하는 것은 아니다. 이 오해의 비극은 마르크스의 책임이 아니다. 그럼에도 마르크스주의자들이 인권을 오해하게 된 이유는 자유주의 담론의 창설자인 로크가 경제적 자유를 대표하는 재산권과 사상과 언론의 자유를 대표하는 시민권 사이의 타협을 추구했다는 점을 간과했기 때문이다. 다시 말해서 그들은 자유민주주의가 바로 이러한 타협적인 조정의 산물임을 미처 간파하지 못한 데 있다.

로크의 철학적 정체성에 관해 논란은 많지만, 그의 권리 개념은 분명히 재산권에 편중되어 있다. 그에게는 '사적 시민'만 존재하고 '공적 시민'은 존재하지 않는다. 이런 맥락에서 헤겔은 로크의 권리와 인격 개념의 추상성을 지적하고, 마르크스는 그 개념의 이중성과 기만성이 인간성 소외와 억압을 의미함을 폭로한다. 그러므로 로크와 그 이후의 자유주의자에게는 진정한 의미의 시민 인권과 이를 행사할 수 있는 실질적 자유가 없다고 할 수 있다.

사회주의나 자유주의 모두 스탈린식 좌파적 독재나 파시즘적인 우파적 권위주의를 경험했다. 이를 반성해본다면 현실 사회주의 국가나 자유민주주의 국가가 직접적으로 민주주의를 결과로 도출할 수 없다는 것은 사실로 입증된다. 마르크스주의가 경제의 허위 의식에 주목하고 정치의 권력 관계를 간과한 반면에, 이와 정치적 대척점에 있는 자유주의는 정치의 최소화(최소 정부론)와 시장의 자기 조정 능력을 맹신하여 경제와 시장에 내재한 권력 관계를 무시하기 때문이다.

그 결과로 인해 현실 사회주의는 독재와 관료제로 국민의 권리와 자유를 침해했다. 약속한 경제적 풍요마저 실패로 돌아가자 그것은 국민의 저항으로 무너지고 말았다. 이와는 달리 자유주의 국가들은 독점 및 공황의 위기에 처하자 생존의 치열한 경쟁을 벌이게 되었고, 선진국에서는 나치즘과 파시즘이 출현하고 개발도상국에서는 개발독재가 나타났다. 그 갈등이 심화되어 결국 세계대전이라는 참화를 겪었다. 국내적으로는 상업주의 및 대중의 고독과 소외로 몸살을 겪고, 공공 부문의 책임 결여로 빈곤과 불안이 가중되면서 실업과 범죄의 딜레마에 빠진다. 이러한 현상은 2008년도 미국발 세계 금융 위기와 1 대 99라는 극심한 양극화로 폭발한다.

더구나 기술과 사회 공학의 급속한 발달은 사회를 점점 더 감시와 규율의 통제 사회로 만들어가고 있다. 이러한 상황 속에서 공동체는 해체되고 공동체의 유대를 상실한 추상적 개인의 무력감과 불안은 증가한다. 언론의 자유는 공론 영역의 확보보다는 상업주의의 도구가 되어 민주주의 실천과는 거리가 멀어지면서 권력 비판의 기능을 하기보다는 그 자체로 권력화하고 있다. 국가나 자본의 권력 집중은 건강한 시민사회의 해체와 풀뿌리 민주주의의 지연을 확대 강화한다. 이와 더불어 인간의 권리와 민주주의의 실현보다는 성장 일변도와 기술 관료제의 도구적 합리성이 현시대 정신을 지배하고 있다. 2015년 우리나라의 메르스 사태와 2020년 전 세계의 코로나19 팬데믹 사태는 이런 도구적 합리성이 실제로 시민의 건강과 안전을 얼마나 위협하고 있는지를 잘 실증한다.

이러한 맥락 안에서 신자유주의는 계몽이 약속한 성숙과 책임과 해방보다는 계몽적 근대성의 본질인 도구적 합리성의 지배와 억압을 계승하고 있는 것으로 간주해야 한다. 그러므로 신자유주의는 미래 사회의 진정한 대안이 될 수 없다. 신자유주의는 경제적 자유와 시장의 맹신 아래 본래 의미의 인간의 자유를 실질적으로 보장해주지 못하며, 대다수 사람들에게 억압으로 작용하는 제도이자 이념임이 드러났다.

한국의 자유주의 계보학

한국에서 자유주의는 권위주의 정부의 보수적 통치를 정당화하면서 반공이라는 명분으로 타자를 배제하는 억압을 수행하는 정치적인 이념적 도구였다. 그런 이유로 정치적 자유주의 자체가 갖는 최소한의 보편적 성과마저도 누리지 못했다. 즉 비록 재산권 중심이기는 하지만 가장 기초적인 인권과, 형식적 이기는 하지만 기회균등에 의한 경제 활동의 자유를 말이다. 이런 한국적인 사정 때문에 독재의 현실로부터 탈출하거나 정신적 위안을 위해 자유주의는 문화적 낭만주의의 이름으로도 등장했다. 우리 사회가 지닌 자유주의의 이중성은 정치적 억압의 수단이자 동시에 이로부터의 낭만적 도피 수단으로서의 두 얼굴로 나타났다. 극단적인 폭압과 이데올로기적인 장벽 속에서 지배적 자유주의를 비판하는 목소리도 자유주의라는 아이러니가 생겼다.

국가독점적 자본주의적 자유주의에 대한 본격적인 과학적 비판은 1980년대 학생운동을 통해 이루어졌다. 그런데 1980년대 후반 동구권의 현실 사회주의 몰락과 더불어 죽은 개로 여겨지던 자유주의가 신자유주의, 곧 경제적 자유주의의 이름으로 부활했고 대단히 공세적인 이데올로기적 헤게모니를 형성하게 되었다. 그리고 경제적 자유주의가 마치 정치적 민주주의의 논리적이고 현실적인 전제인 것처럼 간주되어 경제적 자유주의 담론과 민주주의 담론이 뒤섞이게 되었다. 그런 이유로 "민주주의와 시장경제"가 김대중 정부의 모토가 되었다. 그리고 노무현 정부는 스스로를 '좌파 신자유주의'라는 모순적 용어로 표현하기도 했다. 비교적 진보적인 정권마저도 신자유주의의 마법에 빠져들 정도였다. 이로 인해 민주화 이후 민주주의 위기가 도래했다.

정치학자 최장집은 이러한 민주주의 이후 민주화가 지닌 문제점에 대해 날카롭게 지적한다.

> 민주화 이후 민주정부들(국민의 정부와 참여정부)은 신자유주의를 바탕으로 한 성장지상주의, 즉 노동과 사회복지, 분배의 정의 등을 정책으로 수용하지 않고, 경제의 양적 성장만을 추구하는 경향을 보였다. 이런 경향은 민주화 이후 오히려 더 강해지고 있다. 민주정부는 이것을 개혁으로 인식하고 사람들이 그렇게 알도록 하고 추구해왔는데, 실제로 민주정부의 개혁이란 말 속에는 신자유주의적인 개혁이라는 내용이 담겨 있는 것이다. 그것은 보수적 개혁을 뜻한다. 보통 신자유주의는 세계적인 관점에서 보자면 보수적인 이념이다. 그런데 우리나라에서는 민주정부를 보통 개혁적이라고 하는데 이 민주정부의 실제 정책 내용은 신자유주의적인, 시장 포퓰리즘적 원리와 가치, 비전을 그보다 더 잘 보여줄 수 없었다. 그것은 민주화 이후 중요한 패러독스이다.(《프레시안》, 2007년 7월 3일)

신자유주의의 헤게모니 아래에서 민주화 이후 발생한 패러독스의 결과로 신자유주의 정책을 공약으로 내건 이명박 정부가 탄생했다. 그러나 한국 경제를 살릴 구세주로 등장한 MB노믹스는 급속도로 재앙의 원천으로 전환된다. 경제학자 유종일에 의하면 이명박 정부의 정책은 감세와 규제 완화, 민영화를 골자로 하는 '전면적 신자유주의'이며, 이미 양극화가 심각한 한국 경제에서 신자유주의 추종은 양극화를 더욱 심화시켜 내수 기반과 성장 잠재력을 더욱 약화시키리라는 전망을 내놓았다. 불행히도 그 예측은 실현되었다. 이명박 대통령의 경제 정책의 이상적 모델은 부시 정부의 감세와 규제 완화 일변도의 금융 정책이었기 때문이다.

부시 대통령은 선거 과정에서 정책 공약으로 '오너십 소사이어티(ownership society, 소유자의 사회)'라는 정책을 공약으로 내세워 "누구나 주식과 주택을 소유할 수 있다"는 달콤한 유혹을 심어줬다. 그러고서는 저금리와 감세 정책을 펴고 주택 대출인 모기지를 확산시켰다. 특히 약탈적 대출에 대한 경고를 무시하고 서브프라임 모기지에 대한 규제를 회피함으로써 위기를 자초하고 말았다. 이후 미국 경제는 감세로 인해 재정 적자를 기록하고 소비 부양 정책으로 소비자들은 오르는 집값을 바탕으로 대출을 더 받아 소비에 열을 올리는 등 빚더미 경제가 되고 말았다. 결국 달러 가치 하락과 인플레이션에 따른 이자율 인상으로 인해 부동산 거품 붕괴→서브프라임 모기지의 부실화→유동화 증권 부실화 등의 단계를 거치며 전면적 금융 위기로 발전했다. 감세로 인한 재정 악화와 금융 규제 완화를 통한 대출 경기 부양이 초래한 결과였다.

> 이명박 정부에 의한 금산분리 완화, 금융지주회사 규제 완화, 투자은행 육성 등 금융 선진화 정책은 실패한 미국 금융 정책보다도 훨씬 위험한 길을 가겠다는 것이다.(《프레시안》, 2008년 9월 29일)

박근혜 대통령은 대선 공약으로 이런 문제점을 해결하기 위한 경제 민주화 정책을 약속했다. 하지만 당선 이후에는 공약을 파기하고 다시 이명박 대통령의 경제 노선을 이어받아 신자유주의 정책으로 회귀했다. 이로 인한 민생의 실패는 민심 이반을 가속했다.

이와 같이 우리에게 자유주의는 역사적으로 다양한 얼굴로 나타났다. 우리에게 자유주의는 정치적 자유주의로서는 억압이었고, 낭만적 자유주의로서는 도피였고, 경제적 자유주의로서는 착취인 얼굴로 나타났다. 자유주의에 대한 이런 부정적인 경험과 자유주의가 가져온 경제적 성과는 자유주의에 대한 분열적인 의식을 산출했다. 원래 자유주의 자체가 애매한 데다가 정의가 불가능할 정도로 외연이 확장돼버린 탓도 있다. 하지만 근래의 신자유주의가 자유주의의 진짜 얼굴이다. 기존의 정치적 자유주의는 민주주의 담론에 포섭 가능하고, 낭만적 자유주의는 종교적 해탈의 문화예술적인 버전이라고 볼 수 있기 때문이다.

어떤 단어가 모든 것을 의미하도록 외연이 확장된다면 그 단어는 무의미한 것으로 간주해도 된다. 우리 사회에서 자유주의는 그러한 무의미한 단어에 해당한다. 모든 것이 자유주의 이름으로 행해지고 있다. 그런 무정형의 자유주의에 본래 얼굴을 찾아줄 필요가 있다. 자유주의에게 본래 얼굴을 찾아주어 대결하려면 자유주의의 기원에 대한 탐구가 필요하다. 고유한 의미의 자유주의의 정체성을 밝히면, 민주주의나 인권 등의 이름으로 자유주의의 원칙을 정치철학적 담론 속에 들여놓으려는 시도가 자유주의의 본질에 대한 무지로부터 기인하는지가 분명히 드러난다.

자유주의의 맨얼굴 드러내기

현실에서 자유주의는 자본주의 시스템을 옹호하는 보수적 이데올로기로 이해되기도 하고, 민주주의와 인권을 주창하는 진보적 이데올로기로 이해되기도 하고, 때로는 젊은이들의 낭만적이고 속박받지 않은 생활 방식을 지칭하는 것으로 쓰이기도 한다. 이렇게 되면 자유주의는 모든 것을 가리키지만 아무런 의미도 없는 개념이 되고 만다. 이 글은 자유주의의 정체성을 이론적 차원에서 밝혀 혼란스러운 개념을 명확히 하려고 한다. 이는 자유주의의 이해와 비판에 매우 필수적인 전단계가 되기 때문이다.

역사적으로 로크, 칸트, 공리주의, 실증주의, 절차주의 등이 자유주의에 대한 도덕적 근거를 짓는 작업을 해왔다. 하지만 자유주의가 자본주의 시스템을 이론적으로 뒷받침하는 합리성의 담론인 한에서 그 도덕적 근거를 자신이 주창하는 합리성에서 도출할 수 없으며 이론적으로 모순을 지닐 수밖에 없다.

이러한 견해를 자유주의 담론의 창시자인 로크의 자유주의를 통해 밝혀볼 것이다. 이를 통해 그 이후 전개된 자유주의의 필연적 좌초를 이해할 수 있다. 사람들이 살아가는 데 필수적인 윤리적 기준을 세우고 근거를 짓는 데 있어 시장의 논리만으로는 그리고 능력주의만으로는 부족하다. 이와는 전혀 다른 이질적인 요소가 우리 사회에 필요하다. 그래서 로크 외에 루소와 헤겔, 마르크스를 공부할 이유가 생긴다.

보통 자유주의는 개인주의를 옹호하며 전체주의와는 반대되는 개념으로 이해된다. 그러나 서구의 개인주의는 필연적으로 전체주의 틀을 전제하고 있고 이는 도구적 합리성으로 현현한다. 도구적 합리성은 히틀러의 우파적 비극과 스탈린의 좌파적 비극이 그 근원적 차원에서 동일하게 출발한 것임을 보여준다. 도구적 합리성으로 현현된 개인주의는 전체주의로 귀결되고 만다. IMF 체제와 신자유주의 및 신빈곤화 그리고 미국과 금융자본의 패권화로서의 세계화는 도구적 합리성을 본질로 하는 개인주의의 전체주의화를 잘 증언해주고 있다.

오늘날 우리 사회에서 벌어지고 있는 대기업과 수출업체들이 사상 최고의 실적을 내고 있음에도 불구하고 경기 침체가 일어나는 진정한 원인은, 팬데믹이라는 위기 상황과 서민의 빈곤화와 중산층의 몰락을 구조적으로 기획하는 신자유주의라는 이데올로기에 기반을 둔 정책과 경제 시스템이다. 전체 인구의 반 이상에게 자유주의는 착취와 억압의 얼굴로 나타난다.

그러나 경제 성과를 바탕으로 자유주의를 도덕적으로 정당화하려는 시도가 늘 있었다. 이러한 시도는 얼마나 기만적인가? 자유주의가 윤리적으로 정당화되기에 모순적 구조를 지닌 담론이라는 점은 트럼프식 포퓰리즘과 박근혜 정부 시절 젊은 이들의 유행어 '헬조선'에서 명확히 나타난다.

우리 사회의 과제는 민주주의 없는 자유주의가 아니라 민주주의로 통제되는 자유주의이며, 사회적 강자가 활보하는 자유가 아니라 사회적 약자들의 자유가 보장되는 사회를 건설하는 것이다.

로크의 자유주의로 자본주의의 공세적 이데올로기인 신자유주의의 본질을 파악하려고 시도했다. 그래서 세계화와 IMF 체제로 지속적인 빈곤화와 실업의 불안 속에서 살아가는 수많은 선량한 시민들과 이러한 현실적 조건을 바꾸고자 노력하는 전 세계 사람들에게 자유주의의 맨얼굴을 알리고 싶었다. 기만은 아무리 치장해도 기만일 뿐이다. 신자유주의의 환상에서 벗어나야 한다.

2장

『정부론』읽기

『정부론』은 어떤 책인가

로크는 어떤 시대에 살았는가

유럽은 전통적으로 종교가 중심이 된 사회였다. 원래는 가톨릭이라고 하는 구교가 득세했었는데, 점차 신교인 개신교가 등장한다. 영국은 원래 구교인 가톨릭을 믿다가 1534년에 개신교로 돌아섰다. 이유는 아주 간단하다. 당시 국왕인 헨리 8세가 아들을 낳지 못하는 왕비와 이혼하고 새로운 여자와 재혼하고 싶었는데 교황이 허락하지 않았기 때문이다. 가톨릭에서는 이혼이 금지되어 있었던 것이다. 화가 난 헨리 8세는 로마 교황

대신 자신이 영국 교회의 우두머리가 되겠다고 결심한다. 영국 성공회는 그렇게 탄생하게 되었다.

영국 성공회는 이름만 바꾸었다뿐이지 대부분은 로마 가톨릭의 풍습을 그대로 따랐다. 왕권 중심의 절대주의 사상도 다를 바 없었다. 성공회의 왕권 중심 사상을 비판하면서 등장한 새로운 종파가 바로 '청교'라는 개신교이다. 청교도들은 강력한 왕권에 저항하며 혁명을 준비했다. 마침내 왕이 아닌 의회가 중심이 되는 공화정으로 바꾸는 혁명이 일어난 것이다. 이것을 '청교도혁명'이라고 한다.

하지만 청교도혁명은 오래가지 않았다. 11년 만에 막을 내리고 만 것이다. 그러고는 다시 왕이 다스리는 왕정이 부활했다. 예전으로 돌아갔다는 뜻에서 이것을 왕정복고라고 부른다. 한때 왕을 쫓아낼 정도로 기세가 등등하던 청교도는 힘을 잃고 도망갈 처지에 놓였다. 이때 대서양을 건너 도망간 사람들이 세운 나라가 바로 미국이다.

요크 공작이 왕이 되려 했던 시기가 바로 성공회(가톨릭)와 청교도의 싸움이 치열할 때였다. 청교도들 입장에서 보면 가톨릭을 믿는 요크 공작을 왕으로 모시는 것은 있을 수 없는 일이었다. 그들은 당연히 반대했다. 이렇게 반대하던 사람들을 휘그당이라고 부른다. 하지만 청교도들 가운데 요크 공작을 왕으

헨리 8세와 비극의 앤 여왕

헨리 8세는 앤 볼레인과 사랑에 빠지게 되었다. 그는 앤과 결혼하기 위해 캐서린과 이혼하고 싶어했다. 그러나 로마 교황이 에스파냐 왕의 압력을 받아 헨리 8세의 이혼 신청을 거부했다. 그래서 헨리 8세는 새장가를 가기 위해 로마 가톨릭과 단절하고 영국의 국교인 성공회를 세운다. 이 때문에 영국은 두 개의 종교로 나뉘어 피비린내 나는 싸움이 계속되었다. 왕은 성공회로 개종하지 않고 가톨릭을 고집하는 사람들을 처형하기까지 했다.

로 모시자는 사람들도 있었다. 그들을 토리당이라고 부른다.

결국 영국 사회는 세 부류의 정치 세력으로 나뉘었다. 토리당과 휘그당, 가톨릭(성공회)이 그것이다. 이 혼란스러운 시기에 요크 공작이 어렵게 왕위에 올랐다. 그가 바로 제임스 2세이다. 왕위 계승을 반대하던 휘그당 사람들은 당연히 설 자리가 없었다. 역적인 셈이니 말이다. 그래서 그들은 네덜란드로 도망을 갔다. 제임스 2세의 맏딸인 메리도 마찬가지였다. 그녀는 아버지와 달리 청교도였던 것이다.

왕위에 오른 제임스 2세는 갈수록 가톨릭을 앞세우고 독재를 강요했다. 휘그당뿐만 아니라 제임스 2세를 지지한 토리당 사람들도 점차 불안해지기 시작했다. 결국 두 당이 합세해 개신교도를 왕으로 모시기로 하고 메리의 남편인 윌리엄을 데리고 왔다. 이를 피 한 방울 흘리지 않고 조용하게 이루어진 혁명

명예혁명 당시 브릭스햄에 상륙하는 오렌지 공의 모습. 윌리엄 밀러의 판화(1852).

이라고 해서 '명예혁명'이라고 부른다.

　로크는 개신교도로 왕권 계승을 반대하는 휘그당의 입장에서 있었다. 그가 쓴 『정부론』도 휘그당의 철학과 관계가 있다.

　'휘그(whig)'란 '둑'이라는 뜻이다. 반란을 꾀한다는 의미를 갖고 있다. 반대파에서 이런 별명을 붙였는데 별로 좋지 않은 뜻으로 보인다. 반대로 요크 공작의 왕위 계승을 찬성했던 세력은 토리당이라고 불렀는데, 이 역시 반대파가 붙인 경멸스러운 이름이다. '토리(tory)'란 '떠돌아다니는 도적'이라는 뜻이다. 19세기에 토리당은 보수당으로, 휘그당은 자유당으로 개칭했다.

휘그당을 이끌던 대표적인 인물이 섀프츠베리 백작이다. 로크의 정치 후견인이었다. 그리고 『정부론』은 요크 공작의 왕위 계승을 철학적으로 반박하는 책이다. 다시 말하면 요크 공작, 즉 제임스 2세의 절대왕정에 대한 반대 입장을 체계적으로 주장하는 책이다.

로크가 살던 시대는 가톨릭과 개신교, 심지어 개신교와 개신교 사이의 종교 대립이 사회에 큰 영향을 미치고 있었다. 또한 왕과 시민, 토리당과 휘그당, 왕과 의회 사이의 정치 갈등도 깊었다. 종교 대립과 정치 갈등이 뒤죽박죽된 아픈 사회였다.

자유민주주의의 바탕

현재 미국 헌법이 추구하는 원칙들을 살펴보면 다음과 같다. 권력 분립, 대의제 정부, 관용 및 언론과 양심의 자유, 법치주의, 부를 추구할 권리……. 어디선가 많이 들어본 말들이다. 미국 헌법이 추구하는 이러한 원칙들의 근원을 거슬러 올라가

명예혁명으로 왕위에 오른 메리 2세와 그녀의 남편 윌리엄 3세.

면 로크를 만날 수 있다. 로크가 『정부론』에서 자유주의 사상의 핵심 원칙을 마련했기 때문이다. 자유주의는 자유민주주의라고 부르기도 한다. 자유민주주의는 현대 미국의 정치 체제이다. 그래서 로크야말로 현대 미국의 정치철학자라고 할 수 있다. 미국 헌법의 근본 철학은 로크의 철학이라고 해도 과언이아니다.

그렇다면 우리나라는 어떤가? 미국식 민주주의 방식을 많이 따르고 있는 대한민국은 자유민주주의 공화국이다. 또 많이 들어본 말이 나온다. 자유민주주의! 그렇다. 로크는 현대 대한민국 헌법에도 주요한 기여를 한 정치철학자라 할 수 있다.

그런데 로크는 『정부론』을 발표할 때 자신이 저자라는 사실을 숨겼다. '왕의 권력은 신이 내려준 절대적인 권리'라고 보는 '왕권신수설'을 정면으로 반박했기 때문이다. 그때는 로크와 비슷한 종류의 책을 쓰고 말을 했던 사람들이 사형을 당하기도 했다. 네덜란드로 피신한 로크도 늘 감시의 눈초리를 받아야만 했다. 『정부론』은 오늘날 보수적인 사상이 된 자유민주주의의 디딤돌이 되었지만, 당시에는 기존의 질서를 뒤엎는 매우 진보적인 사상이었던 것이다.

'왕권신수설'을 반박하다

로크 당시, 지배적인 사상을 알려면 로버트 필머(Robert Filmer, 1588~1653) 경의 『가부장제』를 보면 된다. 이 책은 토리당이 주장한 '왕권신수설'의 사상적 바탕이 된다. 필머 경은 신이 창조한 최초의 인간인 아담이 집안의 최고 어른이라고 주장한다. 집안의 최고 어른을 전통적으로 가부장이라고 부른다. 이 가부장이 자녀에 대한 권한을 갖고 있다. 아담의 계승자들은

로버트 필머 경과 그의 저서 『가부장론』 초판본(1680).

아담의 가부장권을 고스란히 물려받게 되는 것이다. 아담과 그 계승자에게서 권력을 물려받은 자도 절대적인 권력을 행사할 수 있다. 아담이 현재 영국 왕의 먼 할아버지뻘인 셈이다. 그러므로 영국 왕은 할아버지 아담에게서 절대 권력을 물려받았다는 논리이다. 그러니 영국 왕은 자신의 백성에 대해 무엇이든 마음대로 해도 된다. 이와 같은 필머 경의 왕권신수설은 영국 왕의 절대권력을 정당화하는, 그 당시의 유력한 사상이었다.

필머 경의 왕권신수설에 대한 반박이 로크 『정부론』 제1논문의 주요한 주제이다. 로크에 의하면 아담이 가부장권을 절대 가질 수 없다는 것이다. 가부장권은 자연적으로 타고난 권리가 아니고 신이 준 권리도 아니다. 그러므로 자연법에서든 신법에서든 아담은 자신의 자녀나 세상에 대한 지배권을 가질 수 없다는 것이다.

만약 아담이 그런 권한을 가지고 있다 하더라도 상속자가 가부장권을 이어받을 권한을 갖는 것은 아니다. 가부장권은 자연법에서나 신법에서나 상속 대상이 아니기 때문이다. 설사 상속자가 그런 권한을 가진다고 치더라도 누가 올바른 상속자인지를 결정할 자연법이나 신법은 존재하지 않는다. 따라서 올바른 상속자를 결정할 수 없다.

혹시 올바른 상속을 결정할 수 있다고 해도 너무 오래되어 아담의 가족사를 알 수 있는 기록이 존재하지 않는다. 기록이 없으므로 누구의 가족이 아담의 장손인지를 어찌 알 수가 있겠냐는 것이다. 로크는 이런 이유들을 들어 지상의 모든 지배자들의 권력이 아담의 권력에서 나온다는 주장은 틀렸다고 주장한다.

로크의 반박을 정리하면 다음과 같다.

첫째, 아담은 가부장권을 갖지 않는다.

로버트 필머 경

로크의 비판 때문에 로버트 필머 경의 『가부장론』에 대한 평가는 굉장히 부정적
이어서 별로 가치 없는 책처럼 기억된다. 하지만 이것은 필머를 결코 정당하게 평
가한 것이 아니다. 사실 필머는 상당한 재능과 독창성을 지닌 사상가로서 주권의
본성을 명료하게 인식하고 해명하는 업적을 이루었다. 또한 국가의 성립을 설명
하는 사회계약 이론이 지닌 역사적이고 이론적인 취약점을 찾아내는 예리한 눈
도 갖추고 있었다. 로크가 이러한 점들을 무시했기 때문에 가부장권 이론에 대한
로크의 짧은 평만으로 필머를 연상하는 것은 잘못이다.(존 고프, 『로크의 정치 사상』
참조)

둘째, 갖는다고 해도 상속되지 않는다.

셋째, 상속된다고 해도 누가 상속자인지 결정할 수 없다.

넷째, 결정할 수 있다고 해도 누가 장손인지 알 수 있는 기록이

없다.

결론적으로 영국 왕의 권력이 아담의 권한에서 나온다고 볼 수

없다.

그렇다면 필머 경의 주장과 같이 가부장의 권력과 국왕의

권력을 같은 것으로 보아도 되는가? 이에 대한 로크의 생각을

살펴보면 다음과 같다. 집안의 가장이 가진 권력과 배를 조종

하는 선장의 권력은 전적으로 다르다. 아버지와 선장의 역할이

다르기 때문이다. 마찬가지로 가장의 권력과 국가 통치자의 권

미국 혁명이 로크 사상의 영향을 얼마나 받았는가

미국 혁명기의 계몽사상가인 프랭클린, 애덤스, 제퍼슨을 비롯한 수많은 지식인
들은 자연권이나 사회계약에 관한 글을 쓸 때 대부분 로크를 인용했다. 물론 몽테
스키외나 볼테르, 루소와 같은 프랑스 철학자와 그 밖의 여러 인물을 인용하거나
참고하기도 했지만, 그들의 영향력은 그리 크지 않았다. 글을 쓰다가 떠오르는 생
각이면 무엇이든 로크를 원용해서 주장할 수 있었던 것처럼 보이기까지 한다.(버
나드 베일린, 『미국 혁명의 이데올로기적 기원』 참조)

력은 서로 다를 수밖에 없다. 또한 가장의 권력과 사장의 권력
도 다르다. 가정과 회사는 다르고, 회사와 국가 역시 다르기 때
문이다.

아이가 잘못했다고 해서 부모가 아이를 회사에서처럼 해고
할 수는 없다. 회사원이 회사에 잘못하면 월급을 줄이거나 해
고를 할 수는 있지만 그를 감옥에 집어넣을 수는 없다. 회사는
감옥처럼 기본권을 제한하는 장치를 만들 수 있는 정치 기관
이 아니기 때문이다. 국가만이 법에 따라 범법자를 감옥에 집
어넣을 수도 있고 사형에 처할 수도 있다. 로크는 이처럼 가정
과 회사 그리고 국가의 권력이 서로 다른 종류라고 설명한다.

그런데도 가정의 권력을 끌어와 국가의 권력과 같은 것으
로 보는 논리는 지나친 유추에 불과하다. 이미 밝혔듯이 가부
장의 권력과 통치자의 권력이 엄밀히 다르다. 그러므로 가부장

권에 기초를 둔 필머 경의 왕권신수설은 결국 설득력을 잃고 만다.

시민이 국가를 만든다

『정부론』은 크게 제1논문과 제2논문으로 나뉜다. 왕권신수설에 대한 논박은 『정부론』의 제1논문에서 펼쳐진다. 그리고 제2논문에서 로크는 본격적으로 그의 주장을 전개한다. 시민은 계약을 통해 국가를 형성하고, 왕이라도 계약을 어기면 시민이 저항할 수 있다는 논리가 핵심이다. 이런 이유로 제2논문을 '시민정부론'이라고 한다.

제1논문은 17세기 영국의 특수 상황에서 논의된 왕권 절대주의에 대한 비판이어서 오늘날과 맞지 않는 부분이 너무 많다. 이미 앞에서 그 핵심 논지를 요약적으로 전달했으므로 더 이상 제1논문을 상세하게 논의할 필요는 없다. 이에 비해 제2논문에는 후세에 많은 영향을 끼친 로크의 건설적인 주장이 담겨 있다. 이 책에서는 제2논문을 중심으로 설명한다.

로크의 정치 사상은 한마디로 자유주의이고, 로크는 자유주의의 기초를 놓은 철학자이다. 하지만 로크 자신은 정작 '자유주의'라는 말을 알지 못한다. 자유주의라는 말은 로크 이후에 생겨난 말이기 때문이다.

어쨌거나 로크의 자유주의는 '시민이 국가의 중심이고, 시민이 곧 국가를 만든다는 사상'이라고 요약할 수 있다. 이는 오늘날 대부분의 국가에서도 인정하고 있는 원칙이다. 역사적으로 자유주의는 프랑스혁명의 사상이면서, 미국독립전쟁의 사상이기도 했다.

자연 상태와 자연법

이제부터 『정부론』에 담긴 핵심 주제들을 자연 상태, 사회
계약, 정치사회의 목적, 권력 분립, 저항권, 재산권으로 나누어
살펴본다. 우선 자연 상태를 이해하려면 이와 대립되는 정부라
는 개념을 이해해야 한다. 그래서 먼저 '정부'의 개념부터 묻지
않을 수 없다.

정부란 무엇인가

우리가 알고 있는 바로는, 세상에는 여러 종류의 정부가 있

다. 왕이 있는 정부도 있고 왕이 없는 공화 정부도 있고, 민주 정부도 있고 독재 정부도 있다. 정부는 가정과 회사나 동호회와는 달리 공권력을 지닌다.

그래서 정부는 국민에게 권력을 행사한다. 세금을 물리기도 하고, 질서를 유지하기 위해 경찰을 두기도 한다. 우리 국민 모두는 정부의 권력에 복종한다. 한마디로 정부는 국민에 대한 지배권을 가지고 있다는 말이다. 게다가 잘못을 저지르는 사람에 대해서는 재판을 하기도 한다. 재판권을 가지고 있다는 뜻이다. 이처럼 정부는 지배권과 재판권으로 국민을 다스린다. 로크는 정부가 가지고 있는 이러한 권력을 정치 권력이라고 불렀다.

'그렇다면 그 정치 권력의 기원은 무엇인가' 하는 의문이 로크 철학의 출발점이다. 왕권 계승을 주장한 토리당의 사상가인 필머 경은 최초의 인간 아담의 가부장권이 정치 권력의 기원이라고 주장했다. 통치자에게 가부장권과 같은 절대 권한이 없다면, 인간 사회는 끊임없는 소동과 무질서로 얼룩질 것이라고 했다. 실제로 당시 영국은 정치적으로 매우 혼란한 상황이었기 때문에 토리당의 이 같은 주장이 꽤 큰 힘을 얻고 있었다.

그러나 로크의 생각은 달랐다.

세상의 모든 정부가 힘과 폭력만으로 생겨난 것이고, 인간은 반드시 짐승의 규칙에 따라 살아간다고 생각하는 사람들이 있다. 그러나 여기에 반대하는 사람들은 이렇게 생각한다. 즉 정부의 시작은 필머가 주장했던 것과는 다르다는 것이다. 그러므로 새로운 방법으로 정치 권력의 기원과 그 권력을 가진 인격체를 설계하고 알아내야 한다.

정치 권력이 있으면 그 권력을 지니는 주체가 있다. 이를 로크는 권력을 지닌 인격체, 줄여서 권력체라고 한다. 권력체는 단군왕검이나 나폴레옹 황제 같은 개인일 수도 있고, 행정부와 입법부 같은 기관일 수도 있다. 이러한 권력체를 잘 알아내고 설계하지 않으면 로마 시대의 네로 같은 폭군이나 구소련의 공산당 같은 독재가 나타나는 것을 막을 수 없을 것이다.

권력체를 제대로 알려면 먼저 정치 권력이 무엇인지부터 알아야 한다.

정치 권력이란 무엇인가

로크는 정치 권력을 정의하기 전에 먼저 다른 권력과 비교한다.

백성을 다스리는 사람(위정자)의 권력은 자녀에 대한 아버지의 권력과 구분되고, 고용인에 대한 고용주의 권력과도 구분된다. 또한 아내에 대한 남편의 권력과도 구분되며, 노예에 대한 주인의 권력과도 구분된다.

논리학에서 정의를 내리는 행위는 마치 울타리를 치는 것과 같다. 흰 소를 정의하려면 먼저 검은 소, 얼룩소, 누렁소를 울타리 밖으로 몰아내고 그다음 흰 소만을 남겨놓는 것이 필요하다. 울타리를 친 후에 다른 색의 소와 대비해서 흰 소에 대해 잘 알 수 있다. 정치 권력이 무엇인지 알려면 맨 먼저 다른 권력과 구분할 필요가 있다. 그래서 로크는 정치 권력을 아버지의 권력, 상사의 권력, 남편의 권력, 주인의 권력과 구분한다.

그런데 어떤 사람은 집안에서는 남편이자 아버지이지만, 회사에서는 사원일 수 있다. 이를테면 대통령도 국가의 통치자이지만 집안에서는 남편이자 아버지일 수 있다. 그리고 행정부에서는 수많은 장·차관을 비롯한 공무원들의 상사일 수 있다. 이처럼 여러 종류의 권력이 한 사람에게 주어질 수 있다. 권력은 서로의 관계에서 비롯되는 것이고 인간관계는 다양하기 때문이다. 자식이 없는 아버지는 없다. 부하가 없는 상사도 없다. 백성이 없는 왕도 있을 수 없다. 그래서 로크는 다음과 같이 말한다.

서로 다른 권력이 때로는 한 사람에게 주어진다. 그런데 서로 다른 관계 속에서 그 사람을 생각해보면 여러 권력을 구별하는 데 도움이 된다. 자연스럽게 국가의 통치자와 집안의 가장 그리고 배의 선장 사이의 차이점을 확실히 알 수 있을 것이다.

이제 다른 권력과 구별되는 정치 권력이 무엇인지 알아보자. 가장이나 선장, 사장과 다른 통치자의 정치 권력은 무엇인가? 이 점에 대해 로크는 다음과 같이 말한다.

정치 권력은 재산을 보호하기 위해 사형이나 그 밖의 모든 처벌을 하는 법을 만드는 권리다. 또 정치 권력은 그러한 법을 집행하고 외국의 침략에 대하여 국가를 방어하기 위해 공동체의 힘을 사용하는 권리다. 이와 같은 정치 권력은 오직 공공선을 위해 행해져야 한다.

정치 권력은 법을 만드는 권리고 공동체의 힘을 사용하는 권리다. 이는 매우 강력한 권리다. 법을 만들어 사람을 죽이거나 감옥에 가둘 수도 있기 때문이다. 하지만 이 강력한 권리를 제멋대로 휘둘러서는 안 된다. 그래서 오직 국가나 사회의 모든 사람에게 이익이 되는 데에만 사용할 수 있다고 로크는 단서를 달았다.

그렇다면 이 정치 권력은 도대체 언제부터 생겨난 것인가? 정치 권력이 없던 시대를 상정할 수 있다.

정치 권력이 생기기 이전, 자연 상태

인류 역사에서 어느 순간 정치 권력의 시작이 있었다. 이는 인류가 탄생하는 순간과 동시에 있었던 것은 아니라는 뜻이다. 그렇다면 분명 정치 권력이 생겨나기 이전의 상태도 존재했을 것이다. 로크는 이 상태를 인류가 자연 발생적으로 있는 상태라 해서 '자연 상태'라고 불렀다.

> 정치 권력을 올바르게 이해하고 그 기원을 알려면 우리는 모든 사람이 자연에서는 어떤 상태에 있는지를 생각해야 한다. 그것은 완벽한 '자유의 상태'였다.

미국이 탄생하기 전 아메리카 대륙을 누비고 다니면서 들소를 사냥하던 인디언들을 떠올려본다. 다큐멘터리에 나오는 아프리카나 아시아 오지에 있는 원주민들도 좋다. 이들은 구속의 제약 없이 전적으로 자유로운 상태로 살고 있다. 이런 자연

원자

상태에서는 누구나 자신이 원하는 대로 행동한다. 한마디로 자유롭게 산다. 각자 무언가 재산을 가지고 있다. 목숨도 물론 자기 것이다. 로크는 이를 근거로 자유, 생명, 재산은 자연이 인간에게 준 권리라고 주장한다. 이를 두고 자연이 준 권리라고 해서 '자연권' 또는 '천부인권'이라고 한다. '천부'란 '자연이 주었다'는 뜻이다.

로크는 개신교도로서 기독교 신앙을 지니고 있었다. 신이 자연권을 누구에게는 주고 누구에게는 안 줄 수 없다. 비가 착한 사람에게만 내리지 않는 것과 같은 이치다. 권리도 마찬가지다. 신은 누구에게나 기본적인 권리를 준다. 그래서 자연 상태에서는 기본적으로 모든 이가 평등하다.

자연 상태는 평등한 상태로 존재한다. 어느 누구도 다른 사람보다 더 많이 소유하지 않는다. 피조물은 자연의 모든 혜택을

인간은 사회적 동물이다

아리스토텔레스가 자신의 저서 『정치학』에서 한 유명한 말이다. 인간이 서로 뭉치는 것은 각자 마음대로 되지 않는다. 즉 국가가 형성되는 것은 인위적이고 자의적인 계약에 의하지 않는다. 이때 인간들은 사회적 동물의 본성을 따른다. 인간의 본질은 처음부터 본성적으로 국가를 형성하도록 이루어져 있다. 아리스토텔레스는 자신의 형이상학적인 관점에 따라 '전체는 반드시 부분에 앞서야 하기 때문'에 국가는 가족과 개인보다 앞서야 한다고 본다. 이에 비해 사회계약론자는 전체는 부분의 합에 불과한 인공물이고, 부분이 전체에 앞서야 한다고 주장한다.

똑같이 받고 같은 기능을 사용하는 데 있어서 평등하다. 따라서 복종이나 종속의 상태에 있어서는 안 된다. 이보다 더 분명한 것은 없다.

피조물의 주인이자 지배자는 창조주이다. 창조주인 신이 동일한 종류의 피조물을 서로 평등하게 만들었다. 자연권은 신이 인간에게 준 선물이며, 선물을 주는 데 차별이 없다. 이런 이유로 자연 상태에서 인간은 자기가 가진 것을 자유롭게 누린다. 다른 사람에게 복종하거나 다른 사람이 자신을 지배할 이유도 없는 것이다.

자연 상태의 질서, 자연법

하지만 자연 상태가 완벽한 자유의 상태라고 해서 무조건

마음대로 해도 된다는 뜻은 결코 아니다. 파괴는 자유가 아니라 방종이다. 로크는 자신이나 자신에게 속한 것을 파괴할 자유는 없다고 분명히 이야기한다. 무질서해 보이는 자연 상태에도 나름의 법이 있다. 그것이 바로 자연법이다. 이에 대해 로크는 다음과 같이 말한다.

> 자연 상태는 이를 통치할 자연의 법을 가지고 있다. 이 자연법에 모든 사람이 복종해야 한다. 이성은 바로 그러한 자연법이다. 이성은 모든 사람들에게 다음과 같이 가르친다. 모든 사람은 평등하고 독립적이기 때문에 어느 누구도 다른 사람의 생명과 건강, 자유나 소유물에 해를 끼쳐서는 안 된다.

로크는 이성이 곧 자연법이라고 보았다. 로크 이전에 자연법이 무엇인지에 대해 생각한 사람들은 많았다. 서양의 고대 철학을 대표하는 플라톤이나 스토아학파의 제논, 그리고 중세 철학을 대표하는 토마스 아퀴나스도 자연법에 대해 이야기했다. 자연법은 그리스에서는 이성법이라 했고 기독교 시대에는 신법이라 했다. 이를 종합해 로크 자신도 자연법에 대해 정의를 내린다. 인간에게는 신이 준 이성이 존재한다. 그래서 자연법은 이성적인 법이다. 이는 남을 해쳐서는 안 된다는 내용을 포함하고 있다.

자연법과 비교되는 개념으로, '실정법'이나 '관습법'이라는 말이 있다. 실정법과 관습법은 자연이나 신이 아니라 사람이 만든 법이다. 국민을 대표하는 국회가 만든 대한민국의 헌법도 실정법이다. 실정법은 어떤 사회, 예를 들어 대한민국에서 실제로 시행되고 있는 법을 말한다. 대한민국의 실정법은 입법기관인 국회에서 만든 것이다.

이와 달리 관습법은 오랫동안 상식이 쌓이고 쌓여 생긴 법이다. 만일 옷을 벗고 길거리를 돌아다닌다면 상식에 어긋난다. 이런 풍기문란을 막으려고 '길거리에서 옷을 벗고 돌아다녀서는 안 된다'는 관습법이 생긴 것이다. 영국 같은 나라는 관습법을 존중한다.

자연법을 이야기하는 사람들은 이 같은 실정법과 관습법을 만들어내기 이전에도 무언가 법이 존재했다고 생각한다. 물론 "자연법이란 별것 아니다. 약육강식이라는 동물 세계의 법칙이 바로 자연법이다"라고 주장하는 학자도 있었다. 로크보다 조금 앞선 영국의 철학자 토머스 홉스(Thomas Hobbes, 1588~1679)가 대표적이다. 그에 따르면 자연 상태는 '만인에 대한 만인의 투쟁'이라는 전쟁 상태로 혼란과 무질서를 띠고 있다.

하지만 로크는 그렇게 생각하지 않았다. 이성이 있는 인간이라면 힘으로 서로 억누르려 하지는 않았을 것이다. 자연 상태에서도 질서가 있었다. 평등하고 자유로운 인간들은 남의 것을 빼앗지 않는다는 자연법에 따라 평화롭게 살고 있었다. 이를 우리는 근대의 자연법 사상이라고 부른다. 자연법 사상은 당시 왕이나 귀족의 착취에 시달리던 백성들에게 참으로 구원의 소식과도 같았다.

평등하고 독립적인 개인

인간이 태어날 때부터 평등하고 독립적인 존재라는 근대의 자연법 사상은, 근대 이전의 불평등한 인간관을 바꿔놓는 중요한 계기가 되었다.

근대 이전의 사회에서 인간은 개인이 아니라 신분으로 존재한다. 어느 집안의 자식인지가 중요하지, 그의 능력이나 재능은 중요하지 않았다. 신분은 가문과 계급에 따라 다른 대우를 받는 것을 뜻한다. 즉 불평등을 당연하다고 생각하는 것이다. 그런데 근대에 이르러 노비의 자식이나 귀족의 자식이 동등하게 대우받아야 한다는 평등 사상이 등장한다. 원래 평등 사상은 불교와 기독교에 존재했다. 하지만 평등 사상이 근대 유럽에서 제도화되기 시작한다. 이는 근대 유럽이 인류에게 선사한 큰 선물이라 할 수 있다.

로크는 '평등'에서 더 나아가 '독립'을 이야기한다. 인간은 독립된 개인으로 존재한다는 의미다. 개인은 평등하고 독립적인 인간이라는 말이다. 영어에서 개인을 뜻하는 '인디비듀얼(individual)'은 라틴어 '인디비둠(individuum)'이라는 단어에서 온 말이다. 개인은 고대 그리스어에서 유래한 '아톰'과 같은 뜻이다. 아톰은 현대 물리학에서 말하는 원자이다. 개인이나 아톰은 더 이상 쪼갤 수 없는 궁극적인 것을 뜻한다. 아톰이 물질의 단위이듯이 개인은 사회의 단위이다. 개인은 더 이상 쪼갤 수 없는 최소한의 사회적인 단위이다.

블록을 쌓아 조립물을 만들듯이 개인을 엮어 사회를 만들 수 있다. 이러한 생각이 근대 사회계약론의 출발점이다. 사회를 만들려면 끈이 필요하다. 이 끈은 가족적인 공동체의 끈끈한 끈이 아니다. 개인들의 약속에 의한 형식적인 끈이면 된다. 다시 말해 독립적이고 평등한 개인들이 모여 안정적인 사회를 이루려면 구성원들끼리의 약속이 필요하다. 이때의 약속은 일종의 형식적인 계약이다. 이를 사회계약이라고 부른다.

사회계약

계약이라는 것은 주고받는 것이다. 계약 준수의 원칙에 따라 개인의 자유와 권리는 일정 정도 제한되게 마련이다. 홉스식 전쟁 상태로서의 자연 상태라면 목숨을 보전하기 위해서라도 계약을 맺어 자유를 내주고 안전을 보장받을 필요가 있다. 그런데 로크의 자연 상태는 그래도 자연법이라는 질서가 있지 않은가? 그런데도 왜 사람들은 자신을 구속하는 계약을 스스로 맺는 것인가? 그 이유를 탐구할 필요가 있다.

자유를 빼앗으려는 사람과 싸울 권리

자연 상태에서 남의 자유를 빼앗거나 생명을 위협하는 사람이 있다면 어떻게 할 것인가? 로크는 이런 경우에 다음과 같이 답을 한다.

> 내게는 나를 해치겠다고 위협하는 사람을 파괴할 권리가 있다. 왜냐하면 자연법에 따른다면 가능한 한 많은 사람들을 보호해야 하지만, 모든 사람을 보호할 수 없는 경우에는 힘없고 약한 사람들의 안전을 먼저 고려해야 하기 때문이다.

산에 사는 호랑이나 늑대라도 함부로 죽일 이유는 없다. 하지만 늑대 한 마리가 내 집에 들어와 가축을 잡아가거나 나를 죽이려고 한다면 그 늑대를 잡아 죽이는 행동도 아무런 문제가 되지 않는다. 로크는 이처럼 자신을 파괴하려는 사람을 위험하고 해로운 맹수로 간주하라고 말한다.

> 자신을 위협하는 늑대나 사자를 죽이는 것이 허용되는 것과 같이 자신에게 싸움을 걸어오거나 적의를 나타내는 사람을 파괴하는 것은 허용된다. 왜냐하면 그런 사람은 이성이라는

공통의 법을 지키지 않고, 힘과 폭력의 규칙만을 가지고 있어서 맹수나 다름없기 때문이다. 그런 사람은 위험하고도 해로운 존재이다.

남을 해치는 사람은 이미 사람이기를 포기한 사람이다. 신이 인간에게 준 이성이라는 자연법을 지키지 않고, 오직 맹수의 법인 힘과 폭력을 따르기 때문이다. 자연법은 다른 사람을 죽이지 말라고 이야기한다. 하지만 자신의 생명을 위협하는 맹수는 죽여도 된다.

또한 인간은 자신의 자유를 빼앗고 노예로 만들려는 타인들과도 싸워야 한다. 자유는 나를 보호하기 위한 울타리이기 때문이다. 그런 자유가 없다면 누군가 나를 죽이려 든다 해도 그에 대해 저항할 수가 없다. 따라서 인간은 자신의 자유를 위해 기꺼이 싸워야 한다. 이렇게 자신을 해치는 자에 맞서 싸우는 상태가 바로 전쟁 상태이다.

나에게는 자유를 위협하는 사람을 적으로 볼 권리가 있다. 따라서 나를 노예로 삼으려는 사람은 나와 전쟁 상태로 들어가게 된다.

사람에게서 자유를 빼앗는다는 것은 모든 것을 빼앗는 것이다. 자유가 없다면 자기 마음대로 할 수 있는 일이 아무것도 없기 때문이다. 자유를 빼앗긴 노예는 자신을 위해 존재하는 것이 아니라 주인을 위해 존재한다. 물론 사람으로 대접받지도 못한다. 영화 〈글래디에이터〉에서 볼 수 있듯이, 로마의 검투사들은 자신을 위해 싸우는 존재가 아니다. 검투사는 주인의 즐거움을 위해 존재하는 도구에 불과하다. 검투사에게는 살 자유도 죽을 자유도 없다.

자유도 마찬가지고, 생명도 마찬가지고, 재산도 마찬가지다. 이는 우리가 반드시 지켜야 하는 것들이다. 그런데 누군가 이것들을 빼앗으려 한다면 우리는 싸워야 한다. 전쟁을 해야 한다. 권리 침해에 맞서 싸우는 것 또한 인간의 권리이기 때문이다.

공통의 재판관이 존재하지 않는 자연 상태

미국 서부 시대에는 결투가 있었다. 지는 자는 죽고, 이기는 자는 살았다. 서부 시대는 자연 상태나 마찬가지다. 오늘날 우리 사회에서는 결투가 허용되지 않는다. 누군가 나를 때렸다고 해서 달려들어 때리는 것은 법에 어긋난다. 공권력(公權力)이 이미 존재하기에 사인(私人)이 자신을 범죄로부터 구제할 수는 없는 것이다. 단지 법에 호소할 권리가 있을 뿐이다. 우리 사회는 자연 상태가 아니라 법이 있고 치안을 담당할 정부가 존재하는 정치사회이기 때문이다. 즉 죄지은 자를 처벌할 공권력이 있는 정부가 있기 때문이다.

자연 상태에서는 이성의 자연법만 있다. 하지만 아무리 이성이 있고 자연법이 있어도 그것을 어기는 사람들이 있게 마련이다. 사람들 사이에 갈등이 생기고 싸움이 일어난다. 그럴 때는 이를 조정할 수 있는 재판관이 있어야 하지만, 자연 상태에서는 우월한 지위를 지닌 재판관이 없다는 문제가 있다. 따라서 자연 상태는 언제든 전쟁 상태로 바뀔 수 있다. 이런 점을 로크는 다음과 같이 이야기한다.

> 고유한 의미의 자연 상태에는, 사람들을 재판할 권위가 있는 지상의 공통적인 우월자 없이 다만 이성에 따라 함께 살아간다. 구제를 호소할 우월자가 없는데, 다른 사람에게 폭력을 선언하거나 행사하면 전쟁 상태가 된다.

자연 상태와 전쟁 상태는 우월한 공통의 재판관이 없다는 점에서 같다. 갈등이 생기고 억울한 일이 생겨도 호소할 곳이 없다면 서부 시대의 총잡이들처럼 싸움으로 해결할 수밖에 없다. 그래서 평화로운 자연 상태는 몇몇 무법자가 등장하면 순식간에 전쟁 상태로 바뀌고 만다. 홉스는 자연 상태를 모든 사람들이 서로 싸우는 '늑대 사회' 곧 전쟁 상태라고 했다. 로크는 홉스의 이런 생각을 비판한다. 자연 상태는 원래 사람들이 이성이라는 자연법에 따라 함께 살아가는 평화로운 상태인데, 다만 사람들이 자신들의 권리를 지키기 위해 무법자와 싸우는 상태, 즉 전쟁 상태로 바뀔 뿐이라는 것이다.

그런데 나의 억울함을 호소할 법과 공통적인 재판관이 존재하는 정치사회에서도 정당방위, 즉 전쟁의 권리가 있을 수 있다. 도둑이 우리 집에 들어와 옷가지나 귀중품을 그냥 들고 가면 경찰에 신고하면 된다. 그러나 집에 들어온 도둑과 내가 서로 마주쳐 도둑이 나를 죽이려고 한다면 경찰에 신고할 여지가 없는 순간도 있을 것이다. 이 경우에 내가 야구방망이로 도둑을 때려 눕혀도 법에 어긋나지 않는다. 이와 같이 법이 개입할 수 없는 상황에서 누군가 내 생명을 위협할 경우에는 비록 내가 자연 상태가 아닌 정치사회에 있더라도 전쟁 상태로 들어가게 된다. 로크의 이야기를 먼저 들어보자.

권위를 지닌 공통의 재판관이 없는 곳에서는 모든 사람이 자연 상태에 놓여 있다. 그러나 공통의 재판관이 있건 없건 사람의 몸에 부당하게 폭력이 행사되면 바로 전쟁 상태로 들어간다.

전쟁 상태는 적대와 파괴를 뜻한다. 자연 상태나 정치사회도 언제든지 전쟁 상태로 바뀔 수 있다. 그런데 정치사회에서는 법에 호소할 수 있기 때문에 실제 힘의 행사가 끝나고 법이 서는 순간 전쟁 상태는 중단된다. 보안관이 자신의 부하들을 데리고 나타나면 무법천지의 마을은 순식간에 다시 평화를 되찾게 된다. 무법자들도 더 이상 함부로 총을 쏘지 못하고 마을 사람들도 총을 쏘지 않는다. 보안관이 그 상황을 법대로 판단하여 처리한다. 법이 과거의 상처를 치료하고 미래의 해로움을 막을 수 있기 때문이다.

그런데 자연 상태는 서부 영화와 달리 그러한 보안관이나 법이 없다. 그래서 일단 전쟁이 시작되면 그칠 줄을 모른다.

자연 상태에서는 실정법과 권위를 지닌 재판관이 없으므로 중재 역할을 할 곳이 없다. 그래서 일단 전쟁 상태가 시작되면 한동안 지속될 수밖에 없다. 죄가 없는 쪽은 언제든지 공격자를 파괴할 권리가 있다. 전쟁은, 공격자가 평화를 제안하거나 손해를 배상하고, 피해자에 대한 안전을 보장하겠다는 협상이 이루어질 때까지 계속된다.

자연 상태에서 전쟁 상태가 되면 힘이 한쪽으로 기울 때까지 싸워야만 한다. 공격자가 평화를 원하고, 죄 없는 쪽에서 그런 평화를 받아들일 때까지 싸움은 계속된다. 설령 공격자가 평화를 원한다고 해도 과거의 잘못에 대한 배상이 부족하거나 미래의 안전에 대해 보장하지 않을 때는 죄 없는 쪽에서 그런 협상을 받아들이지 않을 것이다. 이런 상황에서는 복수가 복수를 낳는 비극의 악순환이 계속될 가능성이 높다. 영화에서 이런 비극적인 모습을 많이 볼 수 있다. 셰익스피어의 『로미오와 줄리엣』에서는 두 가문의 오랜 싸움으로 인해 끝내 사랑하는 두 연인이 죽고 만다.

그러면 이런 비극적인 전쟁 상태를 피하려면 어떻게 해야 할까? 로크의 말을 들어보자.

하늘을 제외하고는 호소할 데가 없고, 다투는 사람들 사이에서 결정해줄 권위가 없어서 조그마한 차이에도 끝장을 보기 쉬운 상태, 즉 전쟁 상태를 피하기 위해서 사람들이 스스로 자연 상태를 끝내고 사회로 들어가려고 한다. 왜냐하면 지상에 구제를 호소할 권위, 즉 권력이 있다면 전쟁 상태가 지속되지 않을 것이고, 그 권력이 분쟁을 해결해줄 것이기 때문이다.

인간이 자연 상태를 그만두고 정치사회로 들어가는 이유는 전쟁 상태로 들어가는 것을 막기 위해서이다. 정치사회는 자연 상태와 달리 법과 재판관이 있다. 로크에 의하면 법의 목적은 죄 없는 자를 보호하고 손해를 배상하는 데 있다. 법과 재판관이 있으면 논쟁이 있거나 분쟁이 있을 경우에 호소할 곳이 있는 것이다. 재판관이 법대로 공정하게 판결하면 당사자들이 이를 따르면 된다. 이러한 법은 자연법이 아니고, 정치사회에서 시행되고 있으므로 실정법이라고 한다.

정치사회의 시작, '자발적 동의'

전쟁 상태로 들어가지 않기 위해 자연 상태는 정치사회로 이행할 필요성이 있다. 이제 조금 다른 방향에서 정치사회가 발생한 이유를 알아보도록 한다.

신이 피조물을 만들 때 인간이 홀로 있는 것은 좋지 않다고
판단했다. 그래서 인간이 사회를 이루어야 할 강력한 필연성,
편리함과 성향을 그에게 주었다. 그뿐 아니라 인간이 사회를
유지하고 누릴 수 있는 지성과 언어를 주었다.

로크는 신이 인간을 창조할 때 사회를 이뤄야 할 의무와
사회를 유지할 도구를 주었다고 한다. 인간은 혼자 사는 것보
다 모여 사는 것이 편리하다. 그뿐만 아니라 사자와 같은 이빨
도 없고, 코끼리와 같은 힘도 없다. 이렇게 힘이 약하기에 혼
자 살기 어려운 조건을 지니고 있다. 인간들이 사회를 지키려
면 서로 힘을 합쳐야 한다. 힘을 합치려면 서로 의사를 교환해
야 한다. 이를테면 늑대가 나타났는데도 이를 알릴 수 없다면
피해가 클 것이다. 따라서 서로 의사소통을 할 언어가 필요하
고, 언어를 발달시키려면 사고력이 있어야 한다.

로크는 사고력을 '지성(understanding)'이라고 불렀다. 우리는
버섯을 보고 먹을 수 있는 것과 먹을 수 없는 것을 분별해야
한다. 그렇지 않으면 독버섯을 먹고 죽을 수도 있다. 이처럼 지
성은 사물을 분별할 줄 아는 능력을 뜻한다. 인간은 분별하는
능력(지성)과 의사를 교환할 수 있는 능력(언어)을 신에게서 선
물로 받은 셈이다. 창조주인 신은 인간을 그렇게 모여 살도록

만들었다.

그렇다면 정치사회에 속하게 된 개인은 계약을 통해 무엇을 보호받으며, 또 무엇을 포기하게 될까?

> 모든 구성원들은 각자의 자연권을 공동체에 넘긴다. 구성원들은 어떤 일을 겪을 때마다 공동체가 합의한 법에 보호를 요구한다. 따라서 구성원 각자의 사적인 재판권은 모두 금지된다.

정치사회로 들어서면서 인간은 자연의 권리를 포기하고 공동체에 위임한다. 그러고는 모든 사람에게 적용될 법을 만들고 재판소를 설치한다. 재판소에 재판권을 위임한다. 위임은 철저하게 자발적으로 이루어진다. 필요를 느끼는 인간들이 스스로 알아서 위임을 한다는 뜻이다. 인간은 기본적으로 자유롭고 평등한 존재이기 때문에, 누구의 강압에 의해 사회를 만들지는 않는다. 스스로 필요를 느껴서 사회를 만드는 데 동의한 것이다.

> 인간은 천부적으로 자유롭고 평등하고 독립적이기 때문에 동의 없이 누군가의 정치적 권력 안에 종속될 수는 없다. 어떤 사람이 자신의 천부적 자유를 포기하고 시민사회의 유대관계

로 들어가는 유일한 방법은, 다른 사람들과 합의하여 공동체에 합류해 결합하는 것이다.

이렇게 자연 상태에 있던 사람들이 동의하여 정치사회를 결성하겠다고 합의하는 것이 바로 사회계약이다. 진정한 정치적 권위는 시민들의 자발적 합의, 즉 사회계약에 근거를 두어야 한다. 그러므로 폭력적인 정복에 의해 형성된 국가는 은폐되어 있는 전쟁 상태일 뿐이다. 정복자와 피정복자의 관계에 불과하다. 절대군주제도 왕이 자의적으로 통치하기 때문에 진정한 정치사회로 간주하기 어렵다. 자유롭고 평등하고 독립적인 인간들의 자발적 동의에 의한 합의인 사회계약을 통해서만 정치사회가 만들어진다. 이런 계약을 통해서만 사회 구성원은 자발적으로 복종할 의무를 갖는 것이다.

정치사회 운영의 원리, '다수결의 원칙'

사회계약을 통해 사람들은 천부적인 자유를 포기하고 시민사회의 구속을 받아들이는 자발적 합의를 이룬다. 이는 재산을 안전하게 지키고 외부의 침입에 대해 안전을 확보하여 편안하

묵시적 동의

흔히 로크와 같은 사회계약론자들이 국가의 강제를 정당화할 때 끌어들이는 '묵시적 동의'라는 개념은 소크라테스에서 기원을 찾을 수 있다. 『크리톤』이라는 대화편에서 소크라테스는 탈옥을 권하는 크리톤에게 "아테네가 어떻게 정의를 시행하고 어떻게 다스리는지 알면서도, 떠나지 않고 머물러 사는 사람들은 아테네가 명하는 대로 행동하겠다고 약속한 셈"이라고 말한다. 그러나 이러한 견해를 오해하여 마치 로크가 정의롭지 못한 국가나 법을 정당화하기 위해서 '묵시적 동의'를 활용한 것으로 생각해서는 안 된다. 로크는 묵시적 동의의 한계를 분명히 지적하고 있다. 묵시적 동의를 악용하면 소크라테스와 로크의 생각을 악법도 법이라는 견해로 오해하게 한다.

고 평화스러운 삶을 살기 위한 것이다. 이러한 합의는 합의에 참여한 사람 수와는 관계없다. 일정한 수의 사람들이 공동체를 결성한다고 하여 참여하지 않은 사람들의 자유에 해를 끼치지는 않는다. 여전히 계약에 참여하지 않은 다른 사람들도 천부적 자유를 누리고 있기 때문이다. 그러면 공동체를 결성한 이후 의사결정의 기준을 정하려면 어떤 원리가 필요할까? 로크는 다수결의 원칙이라고 말한다.

일정한 수의 사람들이 하나의 공동체나 정부를 형성하는 데 동의했을 때 그들은 통합된 하나의 정치체를 이룬다. 그 안에서는 다수가 그 나머지에 대해 행동하고 결정할 권리를 갖는다.

다수결이 공동체에서 결정을 내리는 데 주요한 원칙이 되는 이유는 무엇인가? 많은 사람이 동의한 방향으로 움직일 수밖에 없기 때문이다. 만약 공동체가 어떤 방향으로 움직이도록 결정하는 원칙이 없다면 그 공동체는 존립하지 못한다. 공동체를 결성한 개개인은 (명시적이든 암묵적이든) 동의를 통해서 다수결의 원칙에 합의한 것이라고 할 수 있다. 만약 사회의 모든 사람이 이러한 다수결에 따른 의무를 지지 않는다면 자연 상태에 남아 있는 것과 다를 바가 없다. 이렇게 되면 다른 사람들과 더불어 한 공동체를 결성한 원래의 계약은 아무 소용이 없을 것이다.

만약 다수결이 정당한 원칙으로 받아들여지지 않으면 만장일치만이 결정의 원칙으로 남게 된다. 그러나 사람마다 다양한 의견을 가질 수 있고, 이해관계가 복잡하고, 또한 모든 사람을 한자리에 모으는 것이 힘든 경우를 고려해보자. 만장일치를 요구하는 사회는 해체를 목적으로 집을 짓는 것과 다를 바가 없을 것이다. 다수가 나머지를 구속할 수 없는 경우에 사회는 한 몸으로 행동하기가 불가능하고 그 결과로 사회는 해체될 테니 말이다.

로크에 대한 반론 제기와 로크의 입장

어떤 정치사회가 시작되고 형성되기 위해서는 그 사회에서 다수를 차지하는 자유인들의 동의가 있으면 된다. 자유인들의 동의만이 세상에서 합법적인 정부를 세울 수 있는 방법이다.

로크의 사회계약론에 대해 두 가지 반론이 제기된다. 첫 번째 반론은 사회계약의 역사적 실례가 없다는 것이고, 두 번째 반론은 모든 인간은 기존의 정부 아래에서 태어나므로 새로운 정부를 만들 만큼 자유롭지 못하다는 것이다.

로크는 정치체의 시작에 관한 역사 기록이 사실상 빈약하다는 문제는 인정한다. 하지만 몇몇 사례를 통해 첫 번째 반론에 대해 재반박한다. 논의를 보충하기 위해 역사 기록에서 한 사람이 지배하는 군주제가 두드러져 보이기는 하지만 이러한 기록이 자신의 주장에 반대하는 증거는 아니라고 한다. 다음 인용문은 군주제도 실은 사회계약에 의해 시작된 정치체임을 밝히기 위해 제시한 것이다.

천부적으로 자유로웠던 사람들이 자발적으로 동의하여 자신의 아버지가 속한 정부에 복종하거나, 여러 가족이 하나의 정부를 만들 경우, 지배권을 한 사람에게 맡겨 그의 지휘를 받는 것이 일반적이다. 이때 그의 권력을 제한하거나 규제하는 조건은 붙이지 않는다. 왜냐하면 사람들은 그의 정직함과 현명함에 대해 충분한 신뢰를 보내고 있기 때문이다.

정치체의 기원에 대한 두 번째 반론은 인간은 새로운 정부를 만들 만큼 자유롭지 않다는 것이다. 이러한 반론에 대한 재반박의 근거는 다음과 같다. 즉 역사 초기에 수많은 작은 군주국들이 있었다는 사실이다. 특정한 정부 아래에서 태어났더라도 새로운 국가를 형성할 자유가 없었다면 오직 하나의 정부만 존재해야 할 것이다. 그런데 다수의 군주국이 있었다는 것은 부권(가부장권)의 세습 원칙에 반하는 일이라고 논박한다. 아담이 부권을 물려주었다는 근거로 왕위를 세습하는 군주제가 정당하다면 오직 하나의 일반적인 군주국이 있어야 할 것이다. 그런데 왜 그렇게 많은 군주국이 가능했겠는가? 이 세습을 인정하지 않는 사람들이 따로 떨어져 나와 별도의 국가를 만들었기 때문이다. 그래서 많은 소국가들이 존재하게 된 것이 틀림없다. 이것으로 미뤄보건대, 인간은 어떻게 태어나든 자유롭다는 것을 뜻한다.

'동의'의 성격과 종류

정치사회가 성립되기 위해서는 자유인들의 동의가 있어야 한다고 했다. 그렇다면 동의는 어떤 성격을 지니는가?

한 정부 아래에서 태어나면 우리는 당연히 그 정부의 국민이 되므로, 자연 상태의 자유를 더 이상 가질 수도 없고, 더 이상 권리 주장도 할 수 없다고 우리를 설득하려는 사람들이 있다. 그들이 제시할 수 있는 이유라고는 이것밖에 없다. 우리의 아버지나 선조가 자신들의 천부적 자유를 양도하여 스스로 소속한 정부에 자신은 물론 후손까지 영원히 종속하도록 묶어 놓았다.

그러나 선조의 동의가 후손까지 구속할 수는 없다. 왜냐하면 자녀가 성인이 되면 부모처럼 완전히 자유로워지므로 부모가 자식의 자유를 양도할 수 없기 때문이다. 자녀가 부모의 재산 덕을 보려면 그 정치사회의 구성원이 되어야 한다. 그 정치사회의 구성원이 된다는 것은 다른 국민들과 마찬가지로 이미 확립된 정부의 지배 아래에 놓인다는 것을 뜻한다.

이처럼 어떤 정부 아래에서 태어났을지라도 오직 자유인들의 동의에 의해서만 그 정부의 국민이 된다. 미성년자도 성인이 되어 스스로 동의하여 구성원이 되는 것이다. 물론 그가 성인이 되어 자연적으로 국민이 되는 것은 아니다. '저절로 국민이 되는 게 아니라니? 나는 동의한다고 말한 적 없는데?'라고 생각하는 사람도 있을 것이다. 그러나 우리는 성인이 될 때 그 나라의 국민으로 남기로 암묵적으로 동의한 것이다. 다음 사례를 보면 이 말의 의미를 이해할 수 있다. 프랑스에서 태어난 영국인의 아이는 나중에 성인이 되어 스스로 국적을 선택할 권리가 있다. 이런 경우가 아니라면 이민해서 국적을 바꿀 수도 있다.

또 우리나라에서도 이중 국적과 관련되어 문제를 일으킨 유명 가수도 있다. 한국인이지만 미국에서 태어난 사람은 누구나 성인이 되면 한국 국적이나 미국 국적 중에 하나를 선택할 권리가 있다. 남자가 한국 국적을 택하면 군대에 가야 한다. 이러한 병역의 의무가 한창 활동하고 있는 인기 가수에게는 치명타가 될 수 있다. 병역 문제에 민감한 팬들이 그를 외면하기 때문이다. 그 가수에게 선택은 쉽지 않아 보인다. 그는 여러 사항을 고려하여 본인에게 유리한 쪽을 택했을 것이다. 그 결과가 어찌 되었건 본인의 동의하에 자신의 국적을 정한다. 그 선택은 타인의 강요에 의해 이루어지는 것이 아니다. 무엇을 선택하건 그것은 바로 본인의 자유에 의한 결단이다.

모든 인간은 천부적으로 자유로우며, 자발적 동의 없이는 어떤 권력에도 복종할 의무가 없다.

동의에는 명시적 동의와 묵시적 동의가 있다. 묵시적 동의는 한계가 있다. 예를 들어 묵시적 동의를 통해 어떤 정부에 복종하고 있는 자는 그 정부와 관련된 소유물을 처분하기만 하면 자유롭게 떠나 다른 사회에 소속되거나 다른 사람들과 합의하여 새로운 사회를 만들 수 있다.

그런데 로크는 구체적인 합의와 명시적인 표명에 의해서 한 공동체의 국민이 되기로 동의한 사람은 이를 변경할 자유가 없다고 본다. 어떤 사람이 어느 집에 일정 기간 머물렀다고 해서 그 집의 가족이 될 수 없다. 마찬가지로 묵시적 동의를 통해 어떤 사회의 진정하고 영구적인 국민이 될 수는 없다.

외국인이 다른 나라에서 그 나라 정부의 특권과 보호 아래 생활하면서 양심에 따라 그 정부의 행정에 복종하는 의무를 지더라도, 그 국가의 국민이나 구성원이 될 수 없다. 적극적인 참여, 명시적인 약속과 계약을 통해 그 국가에 실제로 소속하는 것 말고는 그 국가의 구성원이 될 수 있는 방법이 없다.

지금까지 로크가 생각한 정치사회의 기원과 특징에 대해 살펴보았다. 그런데 왜 자연 상태에서 자유를 비롯한 자연권을 누

리던 사람들이 사회계약을 통해 정부에 복종하는 의무를 지게
될까? 이에 대한 대답이 바로 정치사회의 목적에 해당한다. 이
제 다음 장에서 정치사회와 정부의 목적에 대해 구체적으로 살
펴볼 것이다.

정치사회의 목적

정치사회의 목적을 알기 위해서는, 앞에서 대략적으로 살펴보았던 정치 권력의 특징을 자세히 짚어야 한다.

정치 권력은 부권이나 독재 권력과 다르다

로크는 정치 권력과 독재 권력을 구분한다. 그리고 정치 권력을 아버지의 권력(부권)과도 구분한다. 로크는 이처럼 서로 다른 권력을 혼동하는 것이 정부에 관한 잘못된 견해들의 원천이라고 생각한다. 절대군주제의 지지자들은 부권을 정치 권력과 혼동하는 오류를 범한다. 그리고 정복 국가의 지지자들은 독재 권력을 정치 권력과 혼동하는 오류를 범한다. 그럼 로크는 세 가지 권력을 어떻게 구분하는가?

첫째, 아버지 또는 부모의 권력은 부모가 자신들의 자녀에 대해 가지는 권력일 뿐이다. 다만 이는 자녀를 이롭게 할 목적으로 부모에게 주어지는 것이며, 자녀가 이성을 사용하게 될 때까지만 부모에게 주어진다. 자녀가 이성을 사용한다는 것은 자연법이든 국내법이든 스스로 지켜야 할 규칙을 이해할 수 있다는 것이다.

부권은 자녀를 이롭게 하기 위해 부모에게 주어진 것이다. 부모는 자녀에게 애정을 쏟으며 자녀를 가르치고 보호한다. 자녀가 성인이 된 후에 부모에게 받은 은혜에 감사하며 부모를 존경하고 모실 의무는 있어도 부모의 뜻에 얽매여 살 의무는 없다. 부권은 자연적인 통치일 뿐 정치적 목적과 재판권으로 확대될 수 없다. 부권은 성인이 된 자녀의 재산에 아무런 권리가 없다. 자녀의 재산은 자녀의 것이다. 뒤에서 말하겠지만, 로크에게 정치사회의 목적은 재산 보호에 있다. 따라서 정치 권력은 국민의 재산 문제와 밀접하게 연관되어 있다. 반면에 부권은 자녀의 재산을 못 건드린다. 이런 점에서 부권은 정치 권력이 아니다. 부권은 천부적으로 주어진 권력이고, 정치 권력은 국민의 동의에 의해 생겨난 인위적인 권력인 것이다.

　　둘째, 정치 권력은 자연 상태에 있는 모든 사람들이 사회에 위임한 권력이다. 다시 말해 정치 권력은 사회 구성원이 스스로 세운 통치자에게 명시적이거나 암묵적으로 위임한 권력이다. 그 목적은 국민들의 이익과 재산을 보호하기 위함이다.

　정치 권력은 자연 상태에 있는 모든 사람이 정치사회의 통치자에게 위임한 권력이다. 이러한 정치 권력의 목적은 사회 구성원들의 생명과 자유, 소유물 등의 재산을 보호하는 것이다. 따라서 정치 권력은 법을 제정하고 형벌을 가할 뿐이지, 국민의 생명과 재산에 대하여 자의적인 권력이 될 수는 없다. 형벌이란 건강한 부분을 위협하는 썩은 부분을 잘라내는 것에 비유할 수 있다. 이런 목적이 아니라면 가혹한 형벌은 결코 합법적인 것이 될 수 없다. 그러나 독재 권력에서는 사정이 다르다.

　　셋째, 독재 권력이란 한 사람이 마음대로 다른 사람의 생명을 빼앗을 수 있을 정도로 절대적이고 자의적인 권력이다. 이것은 자연이 준 권력이 아니다. 왜냐하면 자연은 사람들 사이에 어떤 차별도 하지 않기 때문이다. 독재 권력은 또한 계약을 통해 양도될 수 없다.

독재 권력은 정치 권력과 달리 자의적인 권력이다. 독재 권력은 부당한 목적을 위해서 전쟁과 폭력을 앞세워 획득한 것이다. 이성의 길이라고 할 수 없다. 오직 먹고 먹히는 야만의 길이다. 동물들은 합의를 통해 평화를 모색하는 법이 없다. 인간만이 동물과 달리 이성으로 합의할 수 있다.

어떤 사람이 다른 사람에게 자신의 생명에 대한 절대 권력을 넘겨주는 일은 정상적인 상황에서 일어나지 않는다. 공격자가 전쟁을 일으켜 남의 생명과 자유를 뺏는 비정상적인 상황에서 독재 권력이 생긴다. 공격자는 신이 인간에게 준 이성을 사용하지 않고 물리적인 힘을 쓴다. 그러므로 전쟁에서 사로잡힌 포로들이 노예가 되어 독재 권력에 종속된다. 이 권력은 자유인 사이에서 계약을 통해 이루어진 것이 아니다. 이 권력은 단지 전쟁 상태가 지속되는 것에 불과하다. 독재 권력은 노예를 소유한 주인이 자신의 이익을 위해 노예들에게 휘두르는 권력이다.

그럼 로크에게 독재 권력이 정치 권력이 아니라면, 노예는 정치사회의 구성원인가? 그리고 정복은 국가의 기원이 될 수 있는가?

정치 권력에서 제외, '노예'와 '정복 상태'

로크는 '노예는 국가의 일원이 될 수 없다'고 한다. 자유인은 돈을 받기로 하고 일정 기간 동안 자신의 노동력을 팔아 다른 사람의 하인이 될 수 있다. 자유인은 계약으로 고용된 사람이다. 자신을 고용한 주인에게 계약 기간 동안만 권력을 양도한 것이다. 하지만 노예는 전적으로 다르다.

> 노예는 전쟁에서 포로로 잡혀온 자로서 자기 주인의 절대적인 지배와 자의적인 권력에 종속되어 있다. 노예들은 자신의 생명과 더불어 자유를 몰수당하고 자산도 없다. 그리고 어떤 재산도 지닐 수 없기에 노예 상태에 있게 된다. 노예 상태에 있는 자는 시민사회의 일부분이 될 수 없다. 왜냐하면 시민사회의 주요한 목적이 재산의 보호이기 때문이다.

노예가 시민사회, 즉 국가의 일원이 될 수 없는 이유는 생명, 자유, 자산을 몰수당했기 때문이다. 로크는 생명, 자유, 자산을 통틀어 재산이라고 불렀다. 로크를 자유주의의 창시자라고 부르는 이유가 여기에 있다. 그는 생명의 권리와 자유의 권리를, 재산의 권리를 모델로 하여 이해하고 있는 것이다. 자유주의란 사회의 제도가 자본의 무한 축적을 위해 시장의 자기조정 능력에 기초를 둬야 한다고 생각하는 정치 이념이다. 이런 자유주의적 관점에서 몸이라는 재산과 재물이라는 재산을 몰수당한 노예는 자유인이 아니다.

마찬가지로 정복은 국가와 정부의 기원이 될 수 없다.

많은 사람들이 군대의 힘을 국민이 동의한 것으로 착각한다. 그리고 정복을 정부의 기원 중의 하나로 간주한다. 그러나 집을 파괴하는 것이 그 장소에 새로운 집을 짓는 것과 다르듯이 정복은 정부를 성립시키는 것과는 다르다. 실제로 정복이 종종 기존의 국가를 파괴함으로써 새로운 국가의 틀을 준비하는 경우도 있다. 그러나 국민의 동의 없이는 결코 새로운 국가가 건설되지 않는다.

불법적인 힘의 강요에 의한 약속은 지킬 필요가 없다. 가령

강도가 집에 침입해 주인을 마구 위협하고 있다고 생각해보자. 강도는 협박에 의해 집주인으로부터 집과 토지를 넘기겠다는 계약서에 도장을 받았다. 그 강도와 주인의 계약은 합법적인 것인가? 마음속으로 주인은 강도를 잡으려고 전전긍긍할 것이다. 두 사람은 언제라도 싸울 태세다. 이와 마찬가지로 정복에 의한 국가는 정복자와 피정복자 사이의 전쟁 상태라고 말할 수 있다. 정복자의 권력은 진정한 정치 권력이 아니고 독재 권력에 불과한 것이다.

노예는 재산을 몰수당한 자이기에 정치사회의 구성원이 될 수 없는 것처럼, 독재 권력도 계약이 아닌 몰수에 기초를 두는 것이므로 정치사회의 정당한 권력이 될 수 없다고 로크는 말한다.

정치사회의 목적은 재산 보호

인간은 자연 상태에서 자유로우며, 자신의 몸과 소유물의 주인이다. 그리고 인간은 누구나 평등하며 어떤 사람에게도 종속되지 않는다. 그런데 계약을 위해 자유를 버리는 것은 무슨 이유인가? 자유를 포기하고 다른 사람의 지배와 통제를 받아들이는 것은 왜인가? 로크는 안전 때문이라고 말한다.

대부분의 사람들이 평등과 정의를 엄격하게 준수하지 않기 때문에, 이런 상태에서 사람들이 자신의 재산을 지키고 누리는 것은 매우 불안전하고 불확실하다.

자연 상태에서 권리를 가지는 것과 누리는 것은 차이가 있다. 자연 상태에서는 평등한 사람들 사이를 조정하거나 제어하는 권력이 존재할 수 없기 때문이다. 권리를 누리려면 강한 힘을 갖는 것 외에는 안전장치가 없다. 이런 상황에서는 누구나 공포와 위험을 느끼게 마련이다. 이런 상황에서 자신의 생명과 재산을 보호하기 위해 어떤 조치를 취해야 하는가?

이런 이유 때문에 아무리 자유롭다 해도 지속적인 공포와 위험으로 가득 찬 상황에서 그는 되도록 벗어나려고 한다. 생명, 자유, 자산 등 내가 일반적으로 재산이라고 부르는 것을 보호하기 위해, 힘을 모아 사회를 결성하거나 소속되려고 노력하는 것이 당연하다.

자연 상태에는 없는 것이 많다. 그 결핍을 채우려면 정치사

회를 만들어야 한다. 로크는 자연 상태에 없는 것을 세 가지로
꼽는다.

첫째로 모든 사람이 동의하고 인정한 실정법이 없다. 실정
법은 옳고 그름을 판단할 수 있는 기준이자 사람들 사이의 분
쟁을 해결하는 공통의 잣대이다. 자연 상태에서 비록 자연법이
존재하기는 하지만 대부분의 사람들은 그 법에 대해 무지한
편이다. 더군다나 어떤 이들은 이해관계 때문에 편파적이 되어
자연법을 인정하지 않으려는 경향도 있다.

둘째로 자연 상태에는 실정법에 따라 모든 분쟁을 해결할
권위를 지닌 공정한 재판관이 없다. 자연 상태에는 모든 사람
이 자연법의 재판관이자 집행자이지만 기본적으로 자기중심
적이어서 편파적인 상태에 있다. 따라서 자신의 사건에는 지나
칠 정도로 격정이나 복수심으로 불타오르지만, 남의 사건에는
소홀하거나 무관심하기 마련이다.

셋째로 자연 상태에는 비록 올바른 판결이 내려지더라도
이를 뒷받침해 지원해주고 적절하게 집행해주는 권력이 없는
경우가 많다. 불의를 저지른 자들에게 힘으로 저항하다 정의로
운 사람들이 위험에 처하고 파괴되는 경우를 간혹 볼 수 있다.

이런 세 가지 이유로 모든 사람이 자연 상태에서 정치사회
로 편입되기를 원한다. 정부의 실정법을 통해 자신들의 재산

(생명, 자유, 자산)을 보전하기를 원하기 때문이다. 재산 보전을 위해 사람들은 자신의 처벌권을 기꺼이 포기한다. 그리고 공동체에서 권한을 위임받은 자들이 합의한 규칙에 따라 통치자로 임명된 사람들이 처벌권을 행사한다. 바로 이것이 정부, 즉 정치사회의 정당한 기원이자, 더 나아가 입법권과 행정권의 정당한 기원이다.

그럼 정부의 목적을 로크의 말을 통해 다시 한번 확인한다.

사람들이 국가로 결합해 스스로 정부 아래에서 사는 가장 큰 목적은 자신의 재산을 보호하기 위함이다.

정치사회를 결성한 사람들은 자연 상태와 달리 많은 편리함을 누린다. 즉 공동체의 보호를 받을 뿐만 아니라 다른 사람들과의 관계를 통해 편리함을 얻는다. 그 대가로 사람들은 국가의 선, 번영, 안전을 위해 필요한 만큼의 자연적 자유를 양도해야 한다.

사람들이 사회에 들어갈 때는, 자연 상태에서 지녔던 평등과 자유 및 행정권을 사회의 이익을 위해 필요한 만큼 위임해, 입법부가 대신 처리할 수 있도록 해야 한다. 하지만 자신의

시민사회와 정치사회

현대에서 정치사회와 시민사회는 서로 다른 뜻을 지닌다. 정치사회는 국가 권력
과 관련된 기관들을 의미하며, 시민사회는 국가 기관의 직접적인 통제를 받지 않
는 경제 조직이나 시민 단체가 속한 영역을 말한다. 경제정의실천시민연합이나
참여연대, 환경연합, 그린피스 같은 단체가 그 예이다. 이에 비해 로크는 시민사
회라는 단어를 정치사회와 같은 뜻으로 썼다. 당시에는 오늘날처럼 정치사회와
시민사회가 나뉘지 않았기 때문이다. 따라서 로크의 저서에서는 시민사회가 정
치사회와 동일한 뜻을 나타낸다고 보면 된다. 그런데 로크는 시민사회와 정부는
구별한다. 합법적 권력체인 정부는 이 시민사회로부터 권한을 위임받았을 뿐이
다. 말하자면 시민사회가 전체 집합이고, 정부는 부분 집합에 해당된다. 물론 근
대 철학에서는 아직 사회와 국가의 분리가 이루어지지 않는다. 정치사회나 시민
사회 모두 국가를 가리킨다. 이런 의미에서 로크에게 사회는 곧 국가를 의미한다.
여기서 말하는 사회계약은 곧 정부 계약, 국가 계약을 뜻한다. 후에 헤겔에 이르
러 시민사회는 국가와 분리된다. 여기서 시민사회는 사적 시민들의 사회로서 경
제적 차원을 가리킨다. 마르크스는 이를 부르주아 사회라고 불렀다. 반면 현대에
서 시민사회는 공적 시민들의 연대를 가리키며 시민 운동의 주체가 된다.

자유와 재산이 더 안전하게 보호된다는 전제하에서 그렇게
하는 것이다. (…) 사회의 권력, 즉 사회에서 형성된 입법적 권
력은 결코 공공선보다 확장될 수 없다.

입법적 권력은 자연 상태의 결점을 없애고, 모든 사람의 재
산을 보호할 의무가 있다. 그러므로 한 국가의 입법적 권력을
지닌 기관이나 사람은 즉흥적이고 자의적인 법이 아니라, 국민
들에게 공포된 실정법에 의해 통치해야 한다. 그리고 실정법에

따라 분쟁을 해결할 공정한 재판관을 임명해야 한다. 게다가 국내에서는 법을 집행하기 위해, 대외적으로는 외적의 침략을 방지하고 자국의 안전을 보장하기 위해 국가의 물리력을 사용해야 한다. 이 모든 것은 국민의 평화와 안전, 더 나아가 공공선이라는 목적을 위해서만 행사되어야 한다.

이러한 목적을 이루기 위해 국가에 속한 각 기관의 권력이 균형을 이루어야만 한다. 이를 위해 로크는 '권력 분립'을 주장한다. 권력 분립은 권력이 자의적으로 행사되지 못하게 하는 일종의 제어 장치다.

국가의 권력 분립

권력은 언제나 권력을 쥔 사람의 욕망을 자극한다. 역사적으로 많은 영웅과 위인들은 권력의 유혹에 넘어가 비극적으로 생을 마감했다. 권력을 탐하여 아버지와 아들이 다투고 형제들끼리 서로 죽이는 일까지 생겨났다. 권력은 야심과 오만을 먹이 삼아 사람들을 권력의 노예로 만든다. 그래서 로크는 '권력 분립'을 주장한다.

권력의 시작부터 견제까지

로크가 보기에 군주제는 이해하기 쉽고 간단한 형태의 정부이다. 외부의 침공에 대비하는 것이 사활이 달린 중요한 문제였으므로 의사결정을 신속히 하기 위해 한 사람에게 권력을 집중시킬 필요가 있었던 것이다. 그러기 위해서 단순한 정부 형태인 군주제가 가장 적합하다.

초원에서 서로 편을 갈라 싸우며 힘겨운 삶을 꾸려가던 몽골 부족이 칭기즈 칸이라는 위대한 지도자를 만나 세계적인 대제국을 건설했다. 실제로 역사 초기에 부족장 정도의 위치에 있던 군주들은 부족과의 애정과 신뢰를 바탕으로 왕좌에 올랐다. 따라서 제국의 황제와 달리 부족을 억누를 정도의 권력을 갖지 못했다. 로크가 생각하는 초기 군주의 모습은 부족장 정도로 생각하면 된다.

> 그들이 가장 분명하고 단순하면서도 당시 상황과 조건에 가장 잘 맞는 정부의 틀인 군주제로 들어간 것은 전혀 놀라운 일이 아니다.

역사 초기에는 사회의 공공선과 안전을 위해 통치권을 위탁받은 군주는 정직하고 신중하게 처신했다고 로크는 생각했다. 그래서 사람들은 깊은 신뢰를 바탕으로 특별한 명시적인 제약이나 제한 장치 없이 통치권을 위탁했다. 헛된 야망, 불법적인 소유욕, 사악한 색욕이 없던 황금시대에는 통치자와 국민 사이에 별다른 분쟁이 없었다.

그러나 세월이 흘러 군주들이 야망과 사치에 눈이 멀어 직무를 다하지 않고, 권력을 유지하고 확대하고자 하는 경우가 생기게 되었다. 더군다나 군주 주위에 아첨하는 무리들이 생겼다. 그때부터 권력을 사회의 공공선과 안전보다는 지극히 개인적인 목적에 사용하기 시작한다. 사람들은 이제 고민을 시작한다. '군주의 권력을 막기는 막아야겠는데, 그 대안은 무엇인가? 정부를 어떻게 구성하는 것이 가장 좋은가' 등에 대해 연구할 필요를 느끼게 된 것이다.

로크는 지나치게 권력을 휘두르고 남용하는 것을 막기 위해 국가의 권력을 나눌 것을 주장한다. 권력 분립이라고 하는 아이디어는 사실 몽테스키외(Montesquieu, 1689~1755)에게서 열매를 맺는다. 그는 국가기관을 법을 만드는 입법부, 법을 집행하는 행정부, 그리고 법을 해석하는 사법부로 분리한다. 이를 삼권 분립이라고 한다. 세 기관에 독립적인 권력을 나누어줄 것을 주장한 것이다. 소위 견제와 균형의 원칙이다. 로크의 삼권 분립은 그 싹에 해당한다. 그는 입법권과 집행권 그리고 연합권으로 나누자고 제안한다. 이는 나라의 일을 국내적인 것과 국외적인 것으로 나눈 것이다. 오늘날의 삼권 분립과는 약간 차이가 있지만 이것이 로크의 권력 분립론이다.

권력 분립론을 살펴보기 전에 우선 그 당시까지 국가 개념이 어떻게 바뀌어가고 있었는지, 로크는 국가를 어떻게 생각하는지에 대해 알아볼 필요가 있다.

군주국과 공화국 논쟁을 이어받다

로크가 살았던 시기는 불행한 시기이기도 하면서 행복한 시기이기도 했다. 로마 황제가 지배하던 시기에 사람들은 나라를 어떻게 만들지 고민할 필요가 없었다. 이미 황제가 있었기 때문이다. 로마가 무너지고 중세가 시작된 이후에는 황제 대신 교황이 나타났다. 교황은 로마 황제만큼 힘이 세지는 않지만 더 힘이 센 하나님의 대리인이기 때문에, 교황이 나라를 다스리는 데 대해서도 사람들은 불만이 없었다.

문제는 그다음이다. 로마 황제도 없고, 로마 교황도 힘이 없어진 시대가 온 것이다. 사람들은 이제 예전에 로마 황제나 로마 교황이 했던 일을 누가 할까에 대해 고민하지 않을 수 없었다. 법은 누가 만들고, 누가 그 법을 집행하고, 누가 나라의 평화와 안정을 책임질 수 있을지가 가장 중요한 고민거리가 되었다.

황제도 교황도 없는 시대라는 점에서 로크의 시대는 불행한 시대였고, 황제나 교황 없이 처음부터 새로운 나라를 만들어갈 수 있는 시대라는 점에서 로크의 시대는 행복한 시대였다.

해답은 둘 중 하나이다. 황제나 교황만큼 힘은 없지만 나라의 왕으로 엄연히 존재하는 헨리 8세 같은 왕이 나라를 다스릴 것이냐, 아니면 보통 시민들이 나라의 권력을 되찾아올 것이냐, 양자택일의 기로에 놓였던 것이다.

왕을 나라의 우두머리로 놓으면 군주국이 되는 것이고, 보통 시민 혹은 보통 시민의 모임을 나라의 우두머리로 놓으면 공화국이 되는 것이다. 소위 군주국과 공화국의 대립은 아주 유례가 깊다. 로마 제국도 초창기 약 700년 동안 군주국도 해보고 공화국도 해보았다. 그리스 같은 나라는 체질적으로 군주국을 싫어해서, 작은 공화국으로 만족하며 살았던 기록이 남아 있다.

이제 서양 세계는 군주국과 공화국에 대한 긴 토론을 시작한다. 그 토론의 첫머리를 장식한 것은 다름 아닌 헨리 8세 시대의 대법관 토머스 모어였다. 토머스 모어는 왕이 있으면 필연적으로 불평등이 생긴다고 보았다. 불평등한 나라에서 누군가는 당연히 불행하고, 모든 사람이 행복한 나라가 될 수 없다고 본 것이다. 그래서 보통 시민들이 주도하는 평등한 공화국, 유토피아를 주장했다.

하지만 거의 비슷한 시기를 살았던 마키아벨리(Machiavelli, 1469~1527)의 생각은 달랐다. 보통 시민의 나라로는 안전을 보장할 수 없다고 생각했다. 나라는 모름지기 알렉산더 대왕 같은 강력한 군주가 다스려야 시민들이 행복할 수 있다는 것이 마키아벨리의 주장이었다. 그는 수많은 작은 나라로 분열된 이탈리아를 통일할 강력한 군주를 원했던 것이다.

이와 같은 군주국과 공화국에 대한 논쟁을 1세기 후에 다시 이어받은 사람이 바로 필머와 로크이다.

국가의 정의

로크의 특이한 점은, '권력은 왕에게 있다' 혹은 '권력은 국민들에게 있다' 하는 식의 단순한 주장을 펼치지 않는 데 있다.

오히려 로크는 질문의 본질을 향해 파고들기 시작한다. 그러한 과정에서 로크는 '국가란 무엇인가?'라는 점에 주목한다. 조금 어렵지만, 로크의 국가에 대한 정의를 잠깐 들어보자.

> 커먼웰스(commonwealth, 국가)라고 부른 것은 민주정이나 어떤 형태의 정부가 아니라 독립적인 공동체를 말한다. 독립적인 공동체를 라틴 사람들은 키비타스(civitas)라고 불렀다. 키비타스를 영어로 번역할 때 가장 적당한 것이 커먼웰스이다. 이 단어는 커뮤니티(community, 공동체)나 시티(city, 도시 또는 도시국가)가 표현하지 못하는 사람들의 사회를 가장 잘 표현해준다. 한 정부 밑에는 하위의 공동체들이 존재할 수 있으며, 영국인에게 시티는 국가와는 꽤 다른 개념이다.

예전에 그리스 반도로 남하해온 부족들이 있었다. 처음에는 펠라스기인들이 내려왔고, 그다음에는 아케아인들이 내려왔고, 마지막으로 도리아인들이 내려왔다. 이들은 모두 중앙아시아의 초원 지대를 떠돌던 부족이었다. 이들은 한 부족끼리 무리를 이루어 이동했다. 그 부족의 장을 우리는 부족장이라고 부른다. 이제 부족장을 필두로 해서 같이 옮겨 다니는 무리들이 그리스 반도 어딘가에 정착했다. 그것이 바로 부족의 공동체, 즉 커뮤니티다.

커뮤니티를 이루고 살던 사람들이 도시를 만들게 된 것은 기원전 7세기 이후의 일이다. 처음 도시를 만든 것은 정확히 말하면 그리스 부족 가운데 도리아인들이었다. 당시 그리스 반도의 풍경은 이렇다.

그리스 반도에는 우선 무수히 많은 산이 있다. 가장 높은 산이라고 해봐야 3,000미터를 넘지 않는 산이 여기저기 지천이다. 그리스 사람들은 자기 나라가 어떻게 생겼는지 알고 싶으면 산으로 올라가보면 된다. 가장 가까운 산에 올라갔을 때 눈에 보이는 곳까지가 바로 내 나라이다. 산과 산 사이에 들판이 있고, 들판의 중심에 아크로폴리스가 있다. 일종의 시장이고, 넓은 마당이다. 아크로폴리스 주위에는 성벽이 둘러쳐져 있고, 바로 이 성벽이 둘러쳐진 아크로폴리스가 나의 도시다. 그리스의 도시국가, 즉 폴리스는 바로 이 도시와 그 주위의 들판에 지나지 않는 것이다.

하지만 로크가 살던 시대의 국가는 이미 부족공동체도 아니고 도시국가도 아니다. 아주 큰 규모의 어떤 것이 되었다. 그것은 마치 로마 사람들이 이야기하는 독립적 공동체, 키비타스의 형태를 띠게 된 것이다.

키비타스는 그리스의 부족 공동체나 도시국가와는 차원이

다르다. 무엇보다 키비타스는 그리스처럼 같은 민족이 모여 사는 나라가 아니다. 혈연에 기초를 둔 부족의 법, 도시의 법만으로 통치하기에는 너무 규모가 큰 나라가 된 것이다. 따라서 키비타스에서는 새로운 법이 필요했고, 모든 사람들에게 적용되는 '보편적인' 법에 따라 나라를 다스릴 필요가 있었다. 이처럼 공통의 법을 가지고 다스리는, 다시 말해서 법의 지배를 받는 아주 큰 규모의 공동체가 키비타스이다. 로크는 그것을 커먼웰스라고 번역했고, 로크가 생각한 국가는 바로 이러한 커먼웰스이다.

이렇게 해서 로크의 시민사회는 정치 공동체를 의미하는 정치사회이며, 정치사회(키비타스)는 곧 국가(커먼웰스)이다.

국가기관의 분류와 정의

로크는 국가기관을 어떻게 나누고, 어떻게 정의하는가? 국가는 공통의 법으로 다스리는 정치사회이기 때문에, 최고의 권력인 입법부가 어떻게 자리매김하느냐에 따라 정부가 달라진다고 본다.

다수가 권력을 장악한 후 법을 제정하고, 그들이 임명한 관리로 하여금 법을 집행하는 국가는 민주정이 된다. 선택된 몇몇이나 상속인들에게 입법권이 위임되면 과두정(더 정확히는 귀족정)이 된다. 이와 달리 입법권이 한 사람의 손에 놓이게 되면 군주정이 된다. 입법권이 군주에게서 상속인에게 세습되면 세습군주정이 되는 것이다. 선거군주정에서는 입법권이 세습되지 않고 군주가 죽은 뒤 다시 다수가 후계자를 선출한다. 이처럼 입법권이 누구 손에 있느냐가 곧 정부 형태를 결정하게 되므로, 입법권의 자리매김에 대한 논의는 대단히 중요하다.

국가의 권력에는 입법권과 더불어 집행권(행정권) 및 연합권(군사, 외교, 통상권)이 있다고 한다. 로크가 각각을 어떻게 정의 내리고 있는지 살펴보자. 먼저 입법권의 정의와 한계는 다음과 같다.

입법권이란 공동체와 그 구성원들을 보호하기 위해 국가의 힘을 어떻게 사용할지를 정할 수 있는 권력이다.

법의 지배를 받는 국가에서는 법을 누가 어떻게 만드느냐가 중요하다. 그것이 나라의 모습을 좌우하기 때문이다.

정부가 존속하는 경우에는 언제나 입법부가 최고의 권력이다. 왜냐하면 다른 사람을 상대로 법률을 만드는 자가 그 다른 사람보다 우월한 것이 당연하기 때문이다. 입법부가 입법부인 까닭은 다름 아니라 그것이 사회의 모든 부분들 및 구성원들을 위해서 법률을 제정하고, 그들의 행동을 규제하는 규칙을 작성하기 때문이다. 또한 그것이 위반된 경우 집행권을 부여하는 권리를 가지고 있기 때문이다. 따라서 입법권은 필히 최고의 권력이 되어야 한다. 사회의 구성원이나 부분들이 가진 모든 권력은 입법권에서 비롯되며 종속된다.

일단 법이 만들어지면 나라의 기본 방향은 정해진 것이다. 그다음에 법을 시행할 기구가 필요하다. 로크는 이를 집행권이라고 부른다.

법은 짧은 시간에 만들 수 있다. 금방 만들 수 있기 때문에, 입법부가 상시적으로 개회할 필요는 없다. 하지만 법률은 지속적으로 집행되어야 한다. 그리고 인간은 권력을 독점하고 싶어하기 때문에, 법률을 집행할 권력까지 입법부가 갖고자 하는 유혹은 너무나 크다.

동일인이 법을 만드는 권력과 법을 집행하는 권력을 동시에 갖는다면 권력 남용의 우려가 있다. 따라서 입법권을 지닌 기관과 별도로 법을 집행하는 기관이 필요하다. 또한 법은 필요할 때만 제정하면 되지만, 집행하는 것은 매일 이루어져야 하는 일상사에 속한다. 그런 의미에서도 입법권과는 분리된 집행권이 있어야 한다.

입법권과 집행권은 그 사회 내의 구성원만을 대상으로 한다. 문제는 대외적인 일은 누가 처리할 것이냐 하는 점이다. 로크가 말하는 제삼의 권력, 즉 연합권은 다른 나라와의 관계를 담당하는 권력이다.

이것은 전쟁과 평화의 권력이며 연맹과 동맹의 권력이고, 국가 외부에 있는 모든 사람, 공동체와 모든 교섭을 할 수 있는 권력을 포함하고 있다. 이 권력을 연합권이라고 부를 수 있다.

로크의 연합권은 오늘날 외교와 군사 및 통상에 관한 권력을 의미한다. 집행권이 국내 문제를 다룬다면, 연합권은 다른 나라(공동체)와의 관계에서 생기는 문제를 다룬다. 한국과 일본의 독도 분쟁이라는 영토적인 문제도 연합권이 다루어야 하며, '한미자유무역협정(FTA)'이라는 경제적인 문제도 연합권이 다루어야 하는 문제이다. 베트남에 군대를 파견하거나 이라크에 군대를 파견하는 일도 연합권에 속한다.

연합권은 집행권과는 달리 실정법에 의해 규제하기가 어려우므로 그 권력을 쥔 사람들은 신중하고 현명해야 한다. 외국과 관계하다 보면 부득이한 변수가 많기 때문이다. 그래서 연합권을 담당하는 사람들은 집행권을 쥔 사람들보다 훨씬 더 많은 재량권을 필요로 한다.

로크는 집행권과 연합권이 논리적으로 구분되기는 해도 실제로는 분리되거나 별도의 사람들에게 맡겨지는 일은 거의 없다고 이야기한다. 만약 실제적으로 집행권과 연합권이 별개로 분리되면 한 사회가 가진 힘의 방향이 엇갈리게 될 우려가 있으며, 나아가 무질서와 파멸을 초래할 위험이 있다고 한다. 오늘날 행정부가 한꺼번에 집행권과 연합권을 담당하고 있는 것도 그 때문이다.

결국 입법권은 최고 권력이고, 집행권과 연합권은 보조적이며 종속적인 권력이다. 입법부는 항시 존속할 필요가 없지만 집행부와 연합부(보통 이 둘을 합하여 행정부)는 항상 존재해야 한다. 이렇게 입법부를 소집하고 해산할 권력을, 필요에 따라 집행부에 준다 해도 집행부가 입법부의 우위에 서는 것은 아니다. 원칙적으로 입법부는 행정부가 위법적인 잘못을 저지르면 집행권과 연합권을 회수할 수 있기 때문이다.

존 트럼불이 그린 〈독립 선언〉(1818~1819).

　예를 들어, 입법부는 행정부의 최고 책임자인 대통령을 탄핵소추할 수도 있다. 입법부가 행정부에게서 권한을 다시 거둬갈 수도 있다는 말이다. 그러나 입법부는 권리의 위임자인 국민의 동의를 거쳐야 정당성을 지닌다. 민주주의 국가에서 권력은 국민에게서 나오는 것이기 때문이다. 입법부의 권리도 국민에게서 나오는 것이다. 따라서 그 권리를 남용해서는 안 된다.

권력 분립과 입법권의 제한

로크는 국가의 권력을 입법권, 집행권, 연합권으로 구분하면서 이 셋 중에도 여전히 서열이 있다고 했다. 입법권이야말로 다른 여타의 모든 권력이 종속되어야 하는 최고의 권력이라는 것이다.

하지만 입법권도 시민사회가 위임하고 신탁한 권력에 불과하다. 신탁(trust)이란 어떤 목적을 달성하기 위해 신탁자와 수탁자가 맺은 계약을 통해 성립하는 것이다. 만약 수탁자가 계약의 목적에 위배되는 일을 하면 신탁은 해지되고 권리는 다시 신탁자에게 되돌아간다. 사회계약에서 신탁자는 국민이고 수탁자는 권력을 위임받은 사람들, 즉 통치자를 말한다.

로크는 신탁 개념을 통해 최고 권력인 입법권의 한계를 설정하고 네 가지 제한이 존재한다고 말한다.

이것들은 사회가 입법권자들에게 맡긴 신탁이 국가의 입법권에 정한 한계이며, 신법 및 자연법이 정한 한계이기도 하다. 첫째, 입법권자들은 공포되고 확립된 실정법에 따라 다스려야 한다. 법률이 사건에 따라 달라져서는 안 된다. 부자나 가난한 사람에게나 궁정의 특권층이나 시골의 농사꾼에게나 동일한 규칙으로 적용되어야 한다.

둘째, 이러한 법률은 궁극적으로 다른 목적이 아니라 국민의 이익을 제외한 다른 목적을 위해 입법되어서는 안 된다.

셋째, 입법부는 국민 스스로가 표명하건 아니면 그들의 대표자들이 표명하건, 국민의 동의 없이 그들의 재산에 세금을 부과해서는 안 된다.

넷째, 입법부는 법률을 제정할 권력을 그 밖의 다른 사람 또는 다른 기관에게 이전해서는 안 되며, 또 이전할 수도 없다. 또한 국민이 그 권력을 설정한 곳 이외의 다른 곳에 설정해서는 안 되며 설정할 수도 없다.

로크는 이와 같이 최고 권력인 입법권에도 제한을 둔다. 그런데 입법권을 지닌 사람들이 권력을 남용하고 본래 목적에 맞지 않게 사용한다면 어떤 조치를 취해야 하는가? 신탁자인 국민은 신탁을 철회하고 입법권을 회수할 수 있다. 즉 입법부를 폐지하거나 변경할 수 있다는 것이다. 다시 말하면 공동체가 항상 최고의 권력을 가지고 있는 셈이다. 정부가 있으면 권력은 공동체에 의해 정부에게 맡겨진 것에 불과하다.

정부가 존속하는 한 입법부가 최고의 권력 기관이다. 여타 모든 권력은 이 입법권에서 비롯되어야 하며 여기에 종속되어야 한다. 그런데 입법부가 상시적인 기관이 아닌 상황에서 집행부가 한 사람에게 맡겨져 있고, 그 사람이 입법에도 관여하는 경우가 있다면 그를 최고 권력자라고 부를 수 있다. 하지만 최고 권력자는 최고의 입법자가 아니라 집행부의 장, 집행자일 뿐이다. 그 자신도 법의 힘에 의해서만 공적 인격(public person)을 부여받고, 법에 복종할 의무가 있다. 따라서 로크는 최고 권력자라고 하더라도 국민의 신탁을 받은 자에 불과하다는 점을 강조한다.

국민의 관심은 공정한 대표자를 최고의 권력 기관인 입법부에 보내는 것이다. 이러한 국민의 요구에 알맞은 사람은 정부의 친구이고 건립자가 되어 공동체의 동의와 찬성을 얻는다. 그러나 이런 요구에서 멀어지는 자는 정부의 적이고 파괴자가 되어 공동체와 전쟁 상태에 돌입한다. 그는 독재자이다. 국민은 이런 독재자에게 정당하게 저항할 권리가 있다. 이것이 바로 국민의 정당한 저항권이다.

국민의 저항권

대권이란 무엇인가

독재자는 가장 강력한 권리, 대권을 쥔 사람이다. 입법권도 집행권도 아닌 이 대권이라는 개념이 어떻게 나오게 되었는지 로크의 설명을 들어보자.

> 입법권과 집행권이 별개의 손에 놓여 있는 경우에 어떤 일들은 집행권을 쥔 자의 재량에 맡겨진다. (…) 하지만 법이 아무런 지침을 규정하지 않은 경우에는, 법률을 집행하는 자들은

공통의 자연법에 따라 사회의 선을 위해 그 법을 활용할 권리가 있다. 입법부가 지침을 마련하기 위해 편의에 따라 소집될 때까지 말이다.

법을 집행하다 보면 때때로 곤란한 경우가 생긴다. 모든 것에 대하여 어떻게 하라고 법률에 일일이 구체적으로 정해놓을 수는 없기 때문이다. 이럴 때 법률에 규정이 없어도, 그리고 때로는 법률을 위반하면서까지 '공공선을 위해' 재량에 따라 행동할 수 있는 권력을 '대권'이라고 한다.

대권은 빨리 집행하지 않으면 일을 그르치거나 미리 법으로 모든 것을 규정할 수 없는 경우, 그리고 법을 글자대로 지키면 도리어 공동체에 피해를 입히는 경우에 필요한 권력이다. 스스로 판단하여 행위를 할 수 있는 재량권이 행정권에 주어져 있는 것이다.

대권이 공동체의 이익을 위하고 정부의 신탁 목적에 맞도록 적합하게 행사될 때에는 전혀 문제가 되지 않는다. 문제는, 대권을 쥔 통치자가 국민을 해롭게 하고, 공공선에 위반하는 일을 할 경우다. 이때의 대권은 대권이 아니라 자의적이고 독재적인 권력일 뿐이다. 예를 들어 대통령이 자신과 측근의 이익을 위해 기금을 대기업으로부터 강제적으로 모금하고 그 대가로 편익을 제공한다면 이는 대권의 남용이고, 실정법 위반이고, 자의적이고 독재적인 권력 행사인 것이다. 이와 같이 대권의 남용은 언제나 있을 수 있으므로 로크는 다음과 같이 명확히 대권을 정의한다.

> 대권이란 공공선을 위해서라면 법률의 지시가 없어도, 법의 직접적인 문구에 위반하면서까지도 몇몇 사안들과 관련해서 지배자의 자유로운 선택을 할 것을 국민이 통치자에게 허락한 것이다.

어리석고 사악한 군주가 대권을 빌미로 공공의 이익에 반하여 개인적인 이익을 취하는 경우가 발생할 수 있다. 이렇게 되면 암묵적으로 허용되던 대권을 제한하기 위해 국민이 일어설 수밖에 없다. 로크는 "선한 통치자가 국민의 자유를 가장 위협한다"는 격언을 상기시킨다. 어리석고 야심에 찬 후계자들이 선한 통치자가 그렇게 했다는 평계로 자신도 그렇게 대권을 갖고 있다고 여기게 된다. 대권은 정해진 규칙이 없을 때 공공선을 실천하는 권력인데, 나쁜 통치자는 대권을 자신의 이익을 위해 악용하기 때문이다. 실제로 '대권'에는 통치자에 대한 국민의 신뢰가 들어 있다. 나쁜 군주가 대권을 악용하면 신뢰를 저버린 것이 된다. 악용한 대권은 신뢰가 없으므로 진정한 의미의 대권이 아니다.

그런데 대권이 정당하게 사용되었는지를 누가 판단하느냐 하는 문제가 제기될 수 있다. 대권을 가진 집행권과 집행권이 소집해야 열리는 입법권 사이에는 지상에 어떠한 재판관도 존재할 수 없다고 로크는 주장한다. 입법부가 권력을 장악하고 국민을 노예로 삼거나 파괴하고자 할 때에도, 입법부와 국민 사이에는 어떠한 재판관도 있을 수 없다고 한다. 지상에 재판관이 존재하지 않으면 하늘에 호소할 수밖에 없다.

국민이 하늘에 호소할 수 있는 권리는 인간이 만든 모든 실정법에 앞선다. 신과 자연은 인간이 자신의 보존을 포기하는 행위를 결코 허용하지 않기 때문이다. 인간 스스로도 자신의 생명을 죽일 수 없는데, 하물며 자신을 죽일 수 있는 권력을 다른 사람에게 내줄 수 있는가? '국민이 하늘에 호소할 수 있는 권리'를 말하는 그 자체가 무질서를 일으키는 원인이 된다고 비판하는 사람들도 있다. 이에 대해 로크는 다음과 같이 반박한다. "현명한 통치자는 이 같은 위험을 결코 자초하지 않을 것이다." 하지만 모든 통치자가 현명할 수는 없다. 역사에는 무수히 많은, 현명하지 못한 독재자들이 있었다.

독재 정치와 저항권

로크는 독재 정치를 다음과 같이 정의한다.

> 독재는 정당한 권리를 넘어서는 권력의 행사이다. 어느 누구
> 도 이것에 대해 권리를 가질 수 없다. 독재는 그 권력 아래에
> 있는 사람들의 이익을 위해서가 아니라 사적인 이익을 위해
> 서 손아귀에 있는 권력을 유용하는 것이다. 독재자는 법이 아
> 니라 그의 의지를 규칙으로 삼는다. 그렇게 되면 그의 명령과
> 행동은 국민의 재산을 보호하는 쪽이 아니라 자신의 야심, 복
> 수, 탐욕 또는 다른 비정상적인 열정을 만족시키는 쪽으로 향
> 한다.

참다운 통치자는 법을 자신이 가진 권력의 한계로 삼고 공
공선을 통치의 목적으로 삼지만, 폭군은 모든 사람들을 자신의
의지와 욕망의 노예로 삼는다. 그 점이 참다운 통치자와 폭군
의 차이다.

히틀러는 자신의 정치적 야욕을 위해 독일 국민을 전쟁의
소용돌이로 몰아넣었으며 유대인을 학살했다. 독재가 낳을 수
있는 최대의 비극을 보여준다고 할 수 있다. 우리나라에서도

군사 독재로 규정되어 역사의 심판을 받은 정권이 있다. 나라와 국민의 안전을 지켜야 할 군인들이 권력을 장악하고 국민에게 총을 겨눈 짓은 우리 역사에서 잊을 수 없는 상처가 되었다.

독재는 한 사람이 할 수도 있고 플라톤 시대 그리스의 30인의 참주처럼 다수가 할 수도 있다. 통치자들이 법을 위반하여 다른 사람들에게 해를 끼치면 독재 정치가 시작된다. 이 경우 통치자는 자격을 잃는다고 로크는 말한다.

자격을 상실한 군주에 대해 저항하는 것은 옳다. 로크는 그렇게 믿었다. 하지만 신중하게 생각해봐야 할 점도 있다. 그것이 바로 무질서의 문제이다.

> 그렇다면 군주의 명령에 대항할 수 있는가? 누구든 군주 때문에 고통을 겪고 있지만, 군주가 자신에게 그렇게 할 권리가 없다고 생각될 때마다 그에게 저항할 수 있는가? 그렇게 되면 정치가 어지러워지고 국가가 전복될 수도 있다. 정부와 질서 대신에 오직 무정부 상태와 혼란만이 남을 것이다.

군주에 대한 저항이 너무 자주 일어나 정치적 혼란이 지속되면 국민의 삶이 불안정해진다. 로마 후기에 잦은 쿠데타로 무질서한 상태가 계속되자 그 틈을 타 외적들이 침입했고, 찬

란한 역사를 자랑하던 로마가 무너졌다. 이는 역사적 사실이다. 이처럼 잦은 저항은 위험하기도 한 것이다. 로크는 그 점을 지적한다. 결국 부당하고 명백하게 불법적인 권력에 대한 저항만이 정당하다고 주장하는 것이다.

> 오직 부당하고 불법적인 권력에만 무력으로 대항할 수 있다. 이와 다른 경우에 대항하는 사람은 누구든지 신과 인간에게 정당한 비난을 면하기 어렵다.

로크는 정당한 저항을 인정한다. 로크의 사상을 프랑스혁명과 미국 독립 전쟁의 뿌리로 보는 이유가 여기에 있다. 조심스럽고 보수적인 성격의 로크가 역사적으로 혁명적 사상가로 등장하게 되는 것이다. 로크는 정당한 저항의 권리가 있다고 해서 통치가 혼란해지거나 통치자에게 위험이 발생하지 않는다는 것을 여러 가지 이유를 들어 설명한다.

독재자는 온갖 술책과 선동을 통해 국민들의 귀를 막으려 한다. 하지만 언제까지나 사람들을 막을 수는 없다. 국민은 곧 사태를 파악하고 스스로를 구제하는 방법을 찾는다. 그것은 통치자가 막을 수 없는 큰 흐름이다. 무엇보다 정당한 저항은 정부를 혼란과 위험에 빠뜨리는 것은 아니다. 잘못은 저항권이 아니라 저항권을 행사할 지경에 이르게 한 통치자에게 있다. 국민 전체를 위해 일해야 할 정부가 소수의 기득권자를 보호하기 위한 도구가 된다면, 그 정부는 국민의 저항을 일으킨 원인을 제공한 셈이다. 그때의 저항은 국민의 권리다.

이처럼 저항권은 절대적으로 옳다. 하지만 저항권의 행사는 최후의 수단이어야 한다. 부당하고 불법적인 무력행사가 아닌데도 저항을 하는 국민은 신과 자연으로부터 비난을 받게 될 것이다.

정부의 해체에 관하여

정부는 보통 외부 세력에 의해 정복당함으로써 해체되지만 내부로부터 해체되는 경우도 있다. 로크가 이야기하는 내부적 정부 해체의 경우는 우선 입법부가 변경될 때이다. 입법부는 분쟁을 해결하기 위해 법과 재판 제도를 수립하므로 시민사회의 평화를 상징하는 국가의 영혼이다. 따라서 입법부가 파괴되거나 해체될 때에는 사회의 해체와 죽음을 부른다. 그러므로 국민의 동의와 임명 없이 기존의 입법부를 대체하는 행위는 반란이나 외부의 정복과 다를 바 없다. 이것은 인간이 다른 인간에게 저지를 수 있는 가장 큰 범죄에 해당한다. 그러므로 인간에게는 이러한 범죄에서 벗어날 권리가 있으며, 예방할 권리도 있다.

로크는 내부적 정부 해체에 관해 이렇게 말한다.

> 입법부나 군주 중 어느 한쪽이 신탁에 반하여 행동하는 것이다. 입법부는 국민의 재산을 침해하려 할 때나 자신이나 자신이 속한 공동체의 일부를 지배자로 내세우고자 할 때, 신탁에 반하는 행동을 한다. 이때 지배자는 국민의 생명과 자유 그리고 재산을 자의적으로 처리하는 독재자가 된다.

신탁을 받은 쪽에서 신탁을 위반하면 위임한 자에게 권리가 되돌아오는 것은 당연하다. 그러므로 입법부나 군주가 통치 계약을 위반하면 국민은 저항할 권리가 있다.

반대론자들은 저항권 때문에 통치가 불안정해진다고 주장하지만 로크는 이에 반대한다. 국민은 쉽사리 기존의 정부를 부인하려고 하지 않는다. 그리고 국민은 이미 잘 알고 있는 체제의 결함을 고치는 것조차도 꾸물대거나 꺼린다. 그런데도 반대론자들은 독재자에 대항하는 국민의 저항권 이론이 내전이나 내분을 부추긴다고 주장한다. 더 나아가 세계 평화를 파괴

자본주의와 자유주의

자본주의는 경제적 제도를 의미하고 자유주의는 이를 옹호하는 정치적 이념을 의미한다. 오스트리아 자유주의 학파의 폰 미제스는 자유주의를 다음과 같이 정의한다. "고전적 자유주의자들은 자유주의 이념을 실천하는 데 있어서 생산수단의 사적 소유라는 기초 위에 개개인의 자유로운 선택을 보장해주는 사회 질서 건설의 필요성을 역설했다. 그러한 사회 질서를 건설함에 있어서 경제적으로는 기업들의 자유로운 생산 활동을 보장하고 시장 기구를 통한 자원의 배분을 중시하는 자본주의 제도와, 정치적으로는 국민의 기본 인권을 보장하는 입헌 대의정치 체제를 확립하는 것이 필요하다고 보았다."(폰 미제스, 『자유주의』 서문 참조)

하는 이론이므로 허용해서는 안 된다고도 한다.

이에 대해 로크는 강도나 해적에 대항하는 상황을 예로 든다. 대항 과정에서 무질서와 유혈 사태가 일어날 수 있다고 해서 대항을 포기해야 하는지 묻는다. 강도, 해적과 평화롭게 지내는 것이 가능할까? 강도나 해적과 평화롭게 지낸다는 것은 평화라는 말을 잘못 사용하는 것이다. 강도나 해적에 대항하는 쪽은 책임이 없다. 강도와 해적에게 책임이 있다. 마찬가지로 통치자의 불법 행위에 대해 자신의 권리를 방어하는 국민은 책임이 없다. 통치자가 먼저 국민에게 싸움을 건 것이다.

로크는 이런 질문을 던진다.

정부의 목적은 인류를 이롭게 하는 데 있다. 그러면 다음 중

어느 편이 인류에게 더 나은가? 국민이 독재자의 한계 없는 욕심에 노출되어 있는 쪽인가, 자신의 권력을 남용하여 국민 재산을 파괴하는 독재자에게 때때로 저항하는 쪽인가?

통치자에 대한 저항이 모두 반란이 아닌 것은 이제 분명하다. 통치자가 공공의 이익과 재산의 보전이라는 정부의 목적 자체를 추구하지 않아서 신탁을 파기한 경우가 있기 때문이다. 그런데 군주나 입법부가 자신들의 신탁에 반하는 행동을 하는지 여부를 판단하는 재판관은 누구인가? 이에 대해 로크는 국민을 재판관이라고 본다.

> 통치자가 먼저 약속을 위반하는 경우에는 통치권이 다시 사회로 돌아가며 국민은 최고 권력자로서 행동할 권리를 갖게 된다. 국민은 스스로 입법권을 계속 가질 것인지, 아니면 새로운 정부를 수립할 것인지, 아니면 예전의 모습을 그대로 유지하면서 입법권을 새로운 사람들에게 맡길 것인지를 스스로 결정할 것이다.

이미 정부의 목적은 재산의 보호라고 했다. 따라서 정치 권력은 당연히 국민 재산권의 보호를 위해 행사되는 것이고, 그렇게 되지 않을 경우 국민은 저항권을 행사한다. 그렇다면 로크가 재산권에 대해 어떻게 말하고 있는지를 아는 것이 중요하다. 재산권의 규명을 통해 로크가 왜 자유주의의 창시자인지가 명확해질 것이다.

재산권과 자유주의의 기원

재산의 자격은 노동에서 비롯된다

로크는 인류가 자기를 보호할 권리와 이러한 보호를 위해 필요한 것을 가질 권리에 대해 이야기한다.

인간은 일단 태어나면 자신을 보호할 권리, 즉 고기와 음료와 같이 생존을 위해 자연이 주는 것을 가질 권리가 있다. (…) 다윗 왕이 「시편」 115장 16절에서 "신이 사람에게 땅을 주었다"라고 말하는 것처럼 신이 인류에게 땅을 공유물로 주신 것이 분명하다.

여기서 이성은 합리적으로 추론하는 능력이고, 계시는 성서를 통한 신의 말씀이다. 인간은 자신을 보존할 권리와 생존을 위해 필요한 것에 대한 권리를 갖고 있다고 이성은 말한다. 계시는 신이 인류에게 땅을 공유물로 주었다고 말한다.

신은 모든 인간이 같이 쓰라고 재산을 주었는데, 어떻게 개인들이 각각 땅을 소유하며, 각자의 재산권을 갖게 되었는지 살펴볼 필요가 있다. 로크는 물론 땅에 대한 공동의 권리를 지닌 사람들이 명시적으로 협정을 맺은 것은 아니라고 생각한다. 그렇다면 개인적인 소유권의 기원에 대해 로크는 어떻게 생각할까?

인류에게 공동으로 세상을 준 신은 또한 생활의 최고 이익과 편의를 위해 이를 활용할 수 있는 이성도 인간에게 주었다. 대지와 그 안에 있는 모든 것은 인류의 존재를 지탱하고 안락하게 하기 위해 인류에게 주어진 것이다. 그리고 대지가 자연적으로 생산하는 과일과 그 대지가 먹이는 짐승들도 자연의 자생적인 손에 의해 산출된 것이므로 인류에게 공동으로 주어진 것이다. 원래 어느 누구도 자연 상태에 있을 때 어느 것에도 나머지 인류를 배제한 사적인 지배권을 갖지 못한다. 그럼에도 불구하고 인류를 위해 주어진 이상, 그것들이 특정한 개인에게 어떤 쓸모가 있거나 전적으로 이익이 되기 전에 필연적으로 어떤 방식에 따라 점유할 수단이 있어야 한다.

여기서 점유라는 것은 다른 사람이 쓸 권리를 배제함을 의미한다. 내가 현재 쓰고 있는 연필은 다른 사람이 쓸 수 없다. 내가 현재 운전하고 있는 차를 다른 사람이 운전할 수는 없듯이, 점유는 자기 것으로 만드는 최초의 행위다. 버스를 탈 때 먼저 자리에 앉는 사람이 그 자리의 임자가 된다. 다른 사람이 뒤늦게 와서 그 자리를 달라고 하지는 않는다. 먼저 자리에 앉는 것이 바로 점유 행위에 해당하기 때문이다.

그러나 '점유'는 '소유'가 아니다. 잠시 빌린 것이다. 버스에서 내리기 위해 일어나면 내가 점유하던 좌석은 다른 사람이 점유할 수 있다. 오늘날 소유를 하려면 돈을 주고 사야 한다. 친구가 가지고 있는 볼펜이 마음에 들어 빌리는 것은 일시적인 점유이고, 빌리지 않고 갖는 것은 도둑질이 된다. 이는 친구의 소유권을 부당하게 침해한 것이다. 그렇지 않고 내가 너무 마음에 들어하는 것을 보고 친구가 선물로 나에게 주는 경우도 있다. 이것을 '증여'라고 한다. 우리는 물건을 사거나 증여받아서 소유할 수 있다. 그런데 그것을 증여한 사람도 선물을 하기 위해서는 그 물건을 사거나 증여받아야 한다. 궁극적으로 보면 돈을 주고 사야 소유할 수 있는 권리가 생긴다.

그런데 돈은 역사의 산물이다. 다시 말해서 돈이 없던 시절도 있었다는 이야기다. 그러면 돈이 없던 시절에 어떻게 점유가 아니라 소유가 발생할 수 있었는가?

로크는 이렇게 대답한다.

> 대지와 모든 열등한 피조물이 인류 공동의 것이지만 각 사람은 자신의 몸에 대한 재산권을 가지고 있다. 이에 대해서는 자신을 제외한 어느 누구도 권리를 갖지 못한다. 그의 육체가 한 노동과 그의 손이 한 작업도 그의 것이라고 할 수 있다. 자연이 준 상태에서 그가 무엇을 꺼내든지 간에, 그것에 자신의 노동을 섞고 자신의 어떤 것을 보태면 자기의 재산이 된다.

공동의 것을 개인의 소유로 바꾸어주는 마법이 바로 '노동'이라는 것이다. 노동을 통해 개인은 물건을 자기 것으로 만들 수 있는 자격을 얻는다. 내가 노동을 들이는 것은 내 재산이 된다는 말이다. 내가 개간한 땅, 내가 경작한 땅은 내 것이다. 내가 딴 과일도 내 것이다. 이것이 로크의 유명한 노동가치설이다.

공동으로 소유한 물건에 내가 노동을 보태는 순간 나의 소유권이 생긴다. 다시 로크의 설명을 더 들어보자.

> 자연이 준 공동의 산물에서 하나를 선택해, 노동을 통해 무엇
> 인가를 보태면 다른 사람의 공동의 권리를 배제하게 된다. 힘
> 을 들여 내 재산으로 만든 것이므로 나를 제외한 어떤 사람도
> 노동이 투여된 것에 대한 권리를 가질 수 없기 때문이다.

그런데 그렇게 얻은 권리는 비록 개인이 노동을 더해서 얻
기는 했지만, 결국 공동의 자산을 빼앗은 것은 아닌가? 내가
과일을 채취하거나 땅을 개간할 때 나머지 인류의 동의를 구
한 것이 아니기 때문이다.

로크는 이에 대해 명시적 동의를 받을 필요가 없다고 말한
다. 명시적 동의 대신에 노동을 들이는 것만으로도 충분히 소
유권을 얻을 수 있다고 생각한다. 로크는 다음과 같은 이유를
든다. 공동으로 주어진 땅을 아무도 개간하지 않고, 과일도 채
취하지 않고, 사냥도 하지 않는다면, 인간은 생존할 수 없다.
인간의 노동이 투여되지 않은 땅이나 과일, 짐승은 인류에게
아무런 소용이 없다.

결국 로크의 말에 의하면, 노동을 투입했기 때문에 내 재산
이 생겼다는 것이다. 왕권론자들처럼 아담의 소유권이 내게로

왔다는 식으로 이야기하지 않는다. 신이 인류에게 공동으로 쓰라고 준 것에 대해 사적인 권리가 발생한 것은, 내가 힘들여 노력해서 얻었기 때문이다. 하지만 이와 같은 사적인 권리가 생기기 위해서는 한 가지 단서가 있다.

다만 여기에는 한 가지 조건이 필요하다. 그 조건이란 적어도 다른 사람을 위해, 공동으로 충분하게 남아 있어야 한다는 것이다.

사적인 소유권이 정당화되려면 다른 사람을 위해 충분히 여지가 있을 정도로 남아 있어야 한다는 것이다. 예를 들어 토지의 일부를 개간해 자신의 것으로 삼으려 할 때 다른 사람에게 피해가 되지 않으려면 아직 토지를 갖지 못한 자가 사용할 수 있는 것 이상으로 많은 토지가 남아 있어야 한다는 뜻이다.

로크는 자신의 주장을 설명하기 위해 한 사람이 강물을 퍼마신다고 해도 강물이 줄어드는 것은 아니라는 비유를 든다. 실제로 한 사람의 노동으로 개간할 수 있는 땅의 넓이에는 한계가 있다. 하루 동안 왕복한 거리만큼 땅을 차지할 약속을 받았지만 너무 욕심을 부려 달리다가 결국 죽어버린 어떤 러시아 소설의 주인공처럼 말이다. 한 사람이 자신의 노동을 통해 향유하고 소비할 수 있는 양도 매우 적다. 이것이 자연이 정한 소유권의 한계이다.

그러나 인간은 자연이 정한 한계를 넘을 수 있다. 화폐를 발명하게 되었으니 말이다.

화폐로 인해 소유의 한계가 없어지다

로크는 인간이 화폐를 발명하고 묵시적 동의를 통해 그것에 가치를 부여하지 않았다면 대규모의 재산과 그것에 대한 권리가 생겨나지 않았을 것이라고 말한다. 화폐가 발명되기 이전에는 한 사람의 노동은 공동의 것을 사유화하면서도 전체의 부를 증가시켰다. 개간되지 않은 토지는 인류에게 아무런 가치도 없었을 것이다. 가치는 증대시키면서도 다른 사람에 피해를 주지 않고 자기 소유로 할 수 있던 시절에는 인구가 적었다. 그래서 인류 전체가 노동을 해도 다 활용할 수 없을 만큼 인구에 비해 토지나 자연물이 충분했다.

똑같이 부지런하게 일하는 사람들에게 여전히 충분한 양이 남아 있었기 때문이다. 게다가 자신의 노동을 이용하여 토지를 점유하는 사람은 인류의 공동 자산을 줄이는 것이 아니라 오히려 증대시킨다.

이런 상황에서 인류는 사물의 가치를 유용성에 따라 평가했다. 이것이 오늘날의 사용가치에 해당한다. 즉 얼마만큼 쓸모가 있나 하는 정도를 말한다. 그러한 사용가치는 노동을 통해 주어진다. 로크 말대로 모든 사물에 서로 다른 가치를 부여하는 것이 노동이기 때문이다.

시장에서 팔리는 가치는 물건의 교환가치다. 이는 물건의 사용가치와는 무관하게 매겨질 수 있다. 예를 들어 개똥을 쓰려고 하는데 구하기가 어려우면 평소에는 아무 가치가 없는 개똥도 필요한 사람에게는 비싼 값에 팔 수 있다. 평소에 개똥이 쓸모없다는 것은 개똥의 사용가치가 없다는 것이고, 개똥이 필요한 사람에게 팔리는 가격은 교환가치에 해당한다.

그러나 화폐가 사용되고 자본주의가 발달하면서 교환가치가 사용가치보다 중요해졌다. 공장 주인이 물건을 만들 때 그 물건이 얼마나 많은 이윤을 남겨줄 것인가를 먼저 고민하지, 그 물건의 진정한 사용가치가 얼마인지를 따지지 않는다. 썩지 않고 영구히 보존 가능한 화폐 덕분에 부의 무한 축적이 가능하게 되었다.

금, 은, 그리고 다이아몬드는 실제 용도보다 그리고 삶의 부양에 필요한 것보다 더 많은 가치를 부여받은 것들이다.

화폐는 썩지 않는다. 인간이 사용할 수 있는 것보다 더 많은 것을 저장하는 것은 어리석고 부정직한 짓이라고 로크는 말한다. 썩어버리면 그만이기 때문이다. 그러나 인간은 화폐를 발명해, 정말로 쓸모 있지만 저장하면 썩는 물건과 교환하게 된다.

화폐의 발명은 사람들에게 소유물을 계속 보관하고 확장할 기회를 주었다. (…) 부피가 크지 않으며 저장해도 가치가 있는 화폐가 없었다면, 토지가 아무리 기름지고 토지를 획득할 자유가 아무리 많아도 인간이 토지 소유를 늘리려는 경향을 보이지 않았을 것이다.

화폐는 인간의 삶에 직접적으로 쓰임새가 없기 때문에 그 자체로는 가치가 없다. 금을 먹거나 입을 수 없다. 오직 인간들이 서로 합의했기 때문에 화폐는 가치를 지닌다. 인간이 화폐를 쓰기 시작하자, 곧바로 자신의 소유물을 늘리려는 경향을 보이게 된다. 화폐는 저장해도 썩지 않기 때문이다. 로크는 이런 필요에 의해 암묵적으로 화폐가 도입되었다고 주장한다.

이런 이유로 해서 화폐가 쓰이기 시작한 지역에서는 서로 자기 것을 소유하려다 보니 공유물이나 공유지가 남아 있지 않게 되었다. 이를 해결하기 위해 법으로 소유권을 규제하게 된다. 이로써 노동과 근면에서 비롯된 소유권을 협약과 협의로 결정하게 된 것이다. 암묵적 동의로 도입된 화폐를 이용하여 자산을 무한히 축적할 수 있게 된 곳에서는 명시적 합의를 통해 소유권 문제를 해결할 수밖에 없다.

> 인류는 묵시적이고 자발적인 동의를 바탕으로 토지를 불균등하게 소유하기로 합의한 것이 틀림없다. 이는 잉여물을 금과 은으로 교환하여 자신에게 필요한 이상으로 많은 토지를 소유하는 방법으로 이루어졌다. 이 금속들은 썩지 않기 때문에 타인에게 해를 입히지 않고 저장할 수 있다. 인류는 사회의 규제 밖에서 아무 협약 없이 금과 은에 가치를 부여하고, 화폐의 사용에 암묵적으로 동의함으로써 사적 소유에 있어 불평등한 분배가 본격화되었다. 정부 아래에서는 법이 재산권을 규제하고, 토지의 소유 또한 실정법에 규제받기 때문이다.

화폐가 도입되자 개개인의 소유와 분배가 불평등해졌다.

자유주의는 비록 불평등한 구조라 할지라도 시장의 효율성에서 비롯된 것이라면 정당화되어야 한다고 주장한다. 로크는 무한 축적에 반대하는 것처럼 보이지만 정부가 성립되기 이전에 이미 화폐가 암묵적 동의에 따라 도입되었으므로, 불평등의 문제는 정치 구조의 탓이 아니라고 주장하는 것이다.

자유주의의 의의와 한계

로크의 자유주의는 이런 식으로 정치적 권리의 평등에서 출발하지만 부의 불평등으로 결론이 난다. 앞서 정부의 목적은 재산의 보호라고 했다. 하지만 그 정부에 속해 있는 국민들은 실질적으로 부를 불평등하게 소유한다. 따라서 정부와 법도 불평등을 인정하지 않을 수 없다. 법적으로 불평등이 제도화되는 것이다.

애덤 스미스의 고전적 자유주의는 시장의 효율성을 이야기하고 정부의 역할을 축소하려고 한다. 원래 로크가 이야기한 대로 정부의 목적은 부를 보전하는 것이므로 이러한 목적을 넘어서 시장에 적극 개입하는 것은 정부의 월권이며 비효율을 낳는다는 것이다. 이것이 바로 로크의 생각을 자유주의라고 부르게 되는 한 근거이다.

　시장의 신화는 1920년대 말에 발생한 세계적인 경제 대공황으로 깨졌다. 그래서 케인스식 복지국가 개념이 등장했다. 오늘날 신자유주의는 이러한 복지국가를 온정주의적 비효율성의 극치라고 비판한다. 그런데 신자유주의는 새로운 자유주의가 아니다. 신자유주의의 대표적인 이론가인 하이에크에 의하면 케인스에 의해 수정된 자유주의를 다시 그 근본으로 되돌리자는 것이다. 그렇다면 신자유주의는 자유주의의 본래 의미인 로크식 자유주의로 되돌아가자는 복고 운동인 셈이다.

　신자유주의는 세계화와 구조조정이라는 말로 대변할 수 있다. 그러나 신자유주의는 고전적 자유주의의 문제점인 부익부빈익빈이라는 양극화 문제를 세계화하는 데 기여했다. 신자유주의는 시장의 자생적 질서에 의해 생겨난 불평등은 정당하다고 한다. 그러나 지금의 양극화는 정당하다고 하기에는 대다수의 사람들에게 참을 수 없는 '세계화의 덫'일 뿐이다. 그 양극화의 지나침 때문에 온건한 자유주의 이론가들도 신자유주의 세계화를 비판한다. 그들은 신자유주의가 아니라 인간의 얼굴을 한 자유주의를 원한다고 이야기한다.

　로크의 사상도 경제적인 측면에서 신자유주의와 궤를 같이한다. 로크도 이미 부의 구조적 불평등을 정당한 것으로 인정한 것이다. 그래서 로크는 신자유주의자들이 가장 좋아하는 아이콘이다. 로크는 이렇게 자유주의적 이론 체계를 조직화하면서 독재에 대한 저항과 모든 인간의 평등과 자유와 독립이라는 권리를 모순적으로 주장했다. 물론 정치적 민주주의라는 측면에서 그의 사상은 인류사에 큰 발자국을 남겼다. 하지만 그의 사상이 부의 불평등 문제에 눈감았다는 점에서, 그리고 이러한 불평등을 더욱더 강화하는 데 사용된다는 점에서 한계가 있다. 로크의 민주주의는 자유주의를 위한 일종의 치장이라고 생각하면 된다.

현대의 자유민주주의란 여전히 정치적 평등을 지향하는 민주주의와 부의 불평등을 인정하는 자유주의가 하나의 체제인 자유민주주의로 얽혀 모순을 일으키고 있는 상황이다. 이런 점에서 로크의 자유주의는 완성이 아니라 오히려 출발점일 수 있다. 로크의 자유주의 정치철학은 현대의 가장 큰 모순의 기원이라는 측면에서 오늘날의 정치 사상과 경제 사상에 커다란 질문을 던지고 있는 것이다. 로크는 아직도 논쟁의 중심에 서 있는 셈이다.

3장

철학의 이정표

『치명적 자만』

THE FATAL CONCEIT

Friedrich A. Hayek

『치명적 자만』
프리드리히 하이에크, 자유기업원, 2014

정부의 복지 강화 정책이 치명적 자만이라는
신자유주의 경제학

1970년대는 케인스의 복지 자유주의가 융성한 시대이다. 이때 현대 신자유주의의 철학적이고 역사적인 토대를 서술하고 그 부활에 크게 영향을 끼쳐 신자유주의의 대표적인 철학자로 명성을 날린 이가 바로 하이에크이다. 그의 전략은 고전적 자유주의, 다시 말하면 로크식 예전 휘그주의의 복원이었다.

재미있게도 하이에크와 로크의 연결점은 단 하나의 명제로 제시된다. "소유가 없는 곳에는 불의(injustice)도 존재하지 않는다." 이는 로크의 명언이다. 신자유주의자들에게 정의는 재산권 보호이다. 불의란 재산권 침해이다. 따라서 재산권이 존재하지 않는다면 불의라는 말 자체가 필연적으로 존립하지 않게 된다.

재산권이 정의보다 논리적으로 선행한다. 재산권이란 개인이 자신의 것을 소유하는 자유를 말한다. 이런 점에서 하이에크와 로크로 대변되는 자유주의의 이론적 기초는 소유적 개인주의이다.

이와 같이 로크로 대변되는 고전적 자유주의인 휘그주의와 오늘날 세계화와 구조조정이라는 단어를 유행시키며 전 인류의 삶을 고달프게 하는 신자유주의의 관련성은 명백하다. 이런 점에 주목하여 신자유주의 철학자 하이에크는 로크의 휘그주의를 다음과 같이 긍정적으로 평가한다.

> 로크의 '소유적 개인주의(possessive individualism)'는 단지 하나의 정치 이론이 아니라, 영국과 네덜란드가 번영할 수 있었던 조건을 분석하여 얻은 산물이었다. 그의 '소유적 개인주의'는, 정치 권력이 시행해야만 하는 정의는 번영을 확보하려면 개인적 소유를 인정하지 않고서는 존재할 수 없다는 통찰에 근거하고 있다. 우리는 개인 사이의 평화적 협력을 통하여 번영을 이룩하기 때문이다. '소유가 없는 곳에는 정의도 존재하지 않는다'는 명제는 유클리드 기하학의 논증만큼 확실하다. 소유의 이념은 무엇을 할 수 있는 권리이고, 정의롭지 않은 이

넘은 그 권리를 침해하는 이념이거나 침범하는 이념이기 때문이다. 따라서 소유의 이념은 이러한 의미로 확립되었으며, 정의와 부정의가 소유의 이념에 부가되었다는 사실은 자명하다.

자유주의가 역사 속에서 많은 변화를 겪었음에도 고전적 자유주의와 신자유주의의 핵심은 동일하다. 양자 모두 사적 소유권에 바탕을 둔 소유적 자유를 중시하고 시장의 자기 조절 기능을 확신한다. 정치권력이 담당하는 사회 정의나 분배 정의는 이러한 경제적 기능의 원활함을 보장해야 한다는 시각으로부터 파생된 도구에 불과하다. 따라서 자유주의는 신구(新舊)에 상관없이 기본적으로 경제적 관점에서 이해해야 한다.

『나쁜 사마리아인들』
장하준, 부키, 2007

부자 나라의 사다리 걷어차기

북유럽식 복지국가를 지향하는 장하준 교수는 케인스주의 경제학의 입장에서 로크 자유주의로 되돌아가자는 신자유주의의 경제 정책을 날카롭게 비판한다. '자유 무역의 신화와 자본주의의 비밀스런 역사'라는 부제가 보여주듯, 이 책은 신자유주의적 세계화를 비판하고 있다. 지은이는 케임브리지 대학 경제학과 교수로서 신자유주의 경제학의 뿌리가 되는 신고전학파 경제학(자유방임주의)을 비판하는 학자로 유명하다.

그의 주장에 따르면, 자유 무역과 시장 만능을 주장하는 신자유주의가 융성해지면서 세계의 부자 나라들이 나쁜 사마리아인들로 변했다. 부자 나라들은 지난 25년 동안 개발도상국들이 자국의 발전에 알맞은 정책을 추구하는 것을 어렵게 했다.

부자 나라들은 IMF, 세계은행, WTO라는 사악한 삼총사와 지역별 FTA나 투자 협정을 이용해, 개발도상국의 보조금과 규제 같은 민족주의적인 정책을 무력화시켰다.

이러한 신자유주의 경제정책은 개발도상국이 현재와 같이 생산성 낮은 활동에 계속 종사하라는 뜻이다. 이런 의미에서 시장의 논리는 개발도상국에 매우 불리한 것이다. 그러므로 개발도상국이 번영하기 위해서는 이러한 논리에 대항해야만 한다.

저자는 다음 사례로 신자유주의 경제학의 문제점을 폭로한다. 어떤 개발도상국의 선도적인 자동차 회사가 자체 생산한 승용차를 처음으로 미국에 수출하게 되었다. 사실 이 나라의 최대 수출 품목은 실크였다. 조잡한 싸구려 소형 차였지만 독자 모델이었기에 이 날은 이 나라와 이 회사가 새삼 자부심을 느낄 만한 중요한 날이었다. 하지만 안타깝게도 이 자동차는 실패하고 미국 시장에서 철수할 수밖에 없었다. 이 실패를 계기로 많은 사람들이 이 회사가 주력 사업이던 방직기 제작에 집중해야 하고 외국 자동차 수입을 자유화하자고 주장했다. 반면에 다른 사람들은 자동차 생산과 같은 '중요한' 산업을 발전시키지 않으면 미래를 기대할 수 없으며, 모든 사람들이 좋아할 만한 자동차를 만들 수 있으려면 보다 많은 시간이 필요하다고 주장했다. 이러한 논쟁은 1958년 일본에서 벌어진 일로, 이 회사는 도요타였다.

지금은 일제 자동차가 '자연스러운' 단어가 되었지만, 60년 쯤 전에만 해도 많은 일본인들을 포함한 대부분의 사람들이 일본의 자동차 산업은 존재해서는 안 된다고 생각하고 있었다. 결국 도요타 사례는 신자유주의 경제학의 권고로 부자가 된 나라는 없다는 점을 잘 보여준다.

세 번째 이정표

『폴 크루그먼의 경제학의 향연』
폴 크루그먼, 부키, 1997

신자유주의 시대의 나쁜 경제학 비판

폴 크루그먼의 책은 왜 로크식 자유주의가 불평등의 원천인지를 경제학적으로 날카롭게 보여준다. 이 책은 1994년 미국에서 출판되었다. 그리고 이제는 경제학계의 베스트셀러이자 현대의 새로운 고전으로 자리매김했다. 그는 이 책에서 1970년대 초부터 1990년대 초까지 약 20년 동안의 미국 경제를 중심으로 '보수주의 경제학의 융성과 그에 따른 문제점'을 분석한다. 그러고는 다시 진보주의적인 케인스 경제학이 부활해야 한다는 결론을 내린다.

1970년대 보수주의 경제학자들은 시장의 자유와 경쟁의 논리를 극단적으로 신봉하면서 정부의 개입을 강력하게 비판했다. 그런데 1980년 공화당의 레이건 정부가 들어서면서 미국의 경제정책은 이러한 학계의 보수주의가 아니라, 학문적 근거가 불충분한 공급 중시론이 주도하게 된다. 그 결과 레이거노믹스(Reaganomics)라는, 성장을 만병통치약으로 내세운 보수적 신자유주의 정책이 탄생한다.

그러나 아무리 성장을 지상 과제로 내세웠다 하더라도, 보수주의적인 모든 정책은 성장을 저해한다는 데 문제가 있었다. 실제로 보수파가 집권했을 때 미국 경제는 거의 성장하지 않았다. 이처럼 성장에 변화가 없는데도 거꾸로 예산은 적자로 돌아섰고 분배는 지나치게 양극화됐다. 그런데도 레이건 정부는 부유층의 세금을 감면해주고 군비 지출을 늘려, 유례 없는 적자가 계속되었다. 그래서 부유층은 더욱 부유해졌고 빈곤층은 더욱 빈곤해졌으며, 중산층은 설 자리를 잃게 되었다.

이런 문제에 직면하게 되자 미국 시민들은 공급 중시론의 환상에서 깨어난다. 그래서 1992년에 다시 빌 클린턴의 민주당 정부로 교체됐다. 그런데 클린턴 정부의 일부 정책 기획가들이 공화당과 똑같은 방식으로, 분배에 중점을 두는 것이 아니라 경제 성장을 약속해줄 사상 체계를 모색하면서 문제가 생겼다. 세계 시장에서 경쟁하기 위해서는 높은 생산성과 고부가 가치 부문 육성이 필요하다고 외쳤다. 이러한 '전략적 무역론'은 공급 중시론과 마찬가지로 나쁜 경제학이다. 크루그먼은 생산성은 중요한 개념이지만 생산성과 국제 경쟁력은 아무런 관계가 없다고 주장한다.

더군다나 2000년에 극단적 보수주의를 내세운 부시 정부가 등장하며 다시 '공급 중시론에 근거한 성장주의적 자유화 정책'이라는 그릇된 처방이 더해졌다. 그 결과 2008년에 미국은 극심한 소득 양극화와 더불어 심각한 금융 위기에 빠졌다. 그러니 나쁜 경제학으로 인해 병세가 악화될 것이라는, 1994년에 크루그먼이 내린 불길한 예언은 불행히도 맞아떨어진 셈이다.

『사회계약론』
장 자크 루소, 후마니타스, 2018

모든 사람이 자유로워야 진정 자유로운 사회다

홉스의 사회계약론은 안보 논리의 기원이고 로크의 사회계
약론은 시장(재산권과 시장의 자유) 논리의 기원이다. 이 둘이 합쳐
져 현재의 보수 논리가 된다. 반면 루소의 사회계약론은 공익
을 추구하는 일반의지를 강조하는 진보 논리의 시작이 된다.

"나는 노예 상태를 인류의 모든 악의 근원으로서 증오한
다." 루소의 유명한 말이다. 〈브레이브 하트〉는 13세기 잉글랜
드 왕의 착취와 억압에 맞서 싸웠던 스코틀랜드 영웅 윌리엄
월레스의 실화를 담은 영화다. 이 영화의 또 다른 주인공은 브
루스라는 귀족이다. 그는 비겁하게 영국 왕에 붙어서 깡통 하
나 뒤집어쓰고 스코틀랜드인을 향해 창을 겨누었던 사람이다.
하지만 그는 월레스의 죽음을 통해 스코틀랜드의 독립과 자유

를 위해 칼을 들어야 한다는 것을 알게 됐다. 그는 월레스가 죽은 지 9년 뒤 베녹번 전투에서 잉글랜드를 무찌르고 스코틀랜드의 왕이 된다. 일상에 쫓겨 비겁하게 살았던 그가 진정한 자유의 의미를 깨달았던 것이다.

『사회계약론』을 썼던 철학자 루소의 삶도 영화 속 브루스와 비슷했다. 마흔이 되기 전까지 그의 인생은 형편없었다. 부모에게 버림받고 시계공의 도제 생활이 싫어 토리노에서 하인 노릇을 했다. 음악가라고 사기도 쳤다. 남작 부인을 만나 연인 역할을 하면서 의미 없이 살아갔다. 하지만 거기서 받은 교육 덕에 스스로 공부하고 책을 많이 읽으면서 독립된 주체로 성장했다. 좌충우돌했지만 심장으로 느꼈던 자유에 대한 갈망을 자각한 뒤에는 이성적으로 사유했다. 루소는 서양 근대 철학에서 자유의 의미를 날카롭게 제시했다.

루소는 『사회계약론』에서 자유라는 말은 자치가 보장될 때 의미가 있다고 했다. 그는 정부와 계약한 것이 아니라 다만 위임한 것이라고 주장했다. 따라서 국민이 싫다면 그 정부를 다시 국민투표로 물러나게 할 수 있다고 본 것이다. 루소는 예속된 일상에서 벗어나려고 노력했다. 스스로 왕의 후원을 거부한 것이 대표적이다. 자신이 후원을 받는 순간 왕이나 귀족에 예속되기 때문이다. 루소는 자유란 단지 국가의 간섭에서 벗어나는 것이 아니라, 국가 권력에 참여할 수 있는 주체적인 시민으로 거듭나는 것이라고 말했다. 루소의 사회계약론은 우리가 현실에서 어떤 개인을 만들고 어떤 공동체를 만들 것인지 고민하게 한다.

다섯 번째 이정표

『자본론』
카를 마르크스, 비봉출판사, 2015

자유로운 개인들에 기반을 둔 자유로운 연합

『자본론』(1867)은 로크의 자유주의로 치장된 자본주의 경제를 근본적으로 비판한 책이다. 여기에 나타난 카를 마르크스의 혁명적인 사상은 거짓된 의식의 안개 속에서 살아가는 사람들에게 생생한 삶의 현실을 보여준다. 이로써 사회와 인간으로부터의 소외를 극복하는 방법을 알려주는 동시에, 바람직한 사회상과 인간상을 제시하고 있다. 인간이 주인이 되는 과학적 사회주의 사회를 세우려 했던 마르크스는 자신의 사상을 관철시키기 위해 철저히 자기 희생적인 삶을 살다 간 현대의 위대한 사상가이다.

죽을 때까지 마르크스의 친구이자 동반자로 남았던 프리드리히 엥겔스는 생전의 경제적 후원은 물론, 그가 죽은 뒤 글을 모아 책을 내는 등 마르크스의 사상을 끝까지 지켜준 인물로 평가받고 있다. 이러한 우정 덕분에 마르크스는 정규직을 한 번도 제대로 가져보지 못한 상황에서도 사상적 혁명을 이룰 수 있었고, 자신의 사후(死後)에 일어난 거대한 정치 운동의 사상적 토대가 될 수 있었다.

마르크스는 「포이어바흐에 관한 테제」(1845)에서 철학자들은 지금까지 세계를 오직 해석하기만 했다고 비판하면서 중요한 것은 세계를 변화시키는 것이라고 주장한다. 마르크스가 사회 개혁으로 얻으려 했던 것은 무엇인가? 인간을 소외시켜 불행하게 만드는 '자본주의 사회를 전도시키고 사유 재산이 없는 사회주의 사회를 건설하는 것'이다. 그의 표현을 빌리자면 그러한 사회는 '과학적 사회주의 사회'이자 '공산주의 사회'이다. 이 사회는 자본에 구속받지 않고 삶과 노동의 주인이 되는 '자유로운 개인들에 기반을 둔 자유로운 연합'이다.

이러한 사회를 건설하기 위해서는 환상과 공상에 물든 종교와 관념 철학을 붕괴시켜야 한다. 그리고 물질적 생산 관계를 바탕으로 삼아, 인간이 노동의 주인이 되는 데 방해되는 조건을 폐지해야 한다. 마르크스는 이를 '공산주의 운동'이라고 부른다. 또 그는 사회의 정치적·경제적 위기를 직시하고, 사회 혁명의 토대를 마련할 수 있는 참다운 학문은 유물론적 역사 이론밖에 없다고 한다. 그리하여 『독일 이데올로기』(1845~1846년에 엥겔스·마르크스가 공동 집필한 책)에서 "관념적 사고가 끝나는 현실적 삶에서 현실적인 실증 학문이 시작된다"라고 주장한다. 그 뒤 마르크스가 말하는 현실적 실증 학문은 현대 자본주의 사회에 대한 과학적인 비판인 『자본론』에서 구체화된다.

> 인간은 정치, 과학, 예술, 종교 등을 추구하기 전에, 무엇보다도 먼저 먹고 마시고 거주하고 입어야 한다는 사실이 그것이다. 따라서 직접적인 물질적 생활 수단의 생산과 어떤 민족에 의해 어떤 시대 내에 획득된 경제적 발전 정도가 해당 민족의 국가 제도, 법 관념들, 예술, 그리고 심지어 종교적 표상[상부 구조]이 발전하는 데 기초[토대]를 이루고 있다는 사실이 그것이다. 그러므로 그 기초로부터 그런 것들이 설명되어야 한다는 사실이 그것이다. 지금까지 그랬듯이 그 반대이어서는 안 된다는 사실이 그것이다.

그러나 이것이 전부는 아니다. 마르크스는 오늘날 자본주의적 생산 방식을 지배하는 특수한 운동 법칙과 이 생산 방식이 창출한 부르주아 사회를 지배하는 특수한 운동 법칙도 발견했다. 잉여 가치의 발견은 부르주아 경제학자이든 사회주의적 비판가이든 이전의 모든 연구들이 해결하려다 어둠 속에서 길을 잃었던 문제에 돌연 빛을 던졌다.

과학은 마르크스에게 역사를 움직이는 하나의 혁명적 힘이었다. 그는 산업이나 역사 발전 일반과 곧바로 혁명적으로 맞물리는 발견에 대해서는 매우 각별한 기쁨을 맛보았다.

왜냐하면 마르크스는 그 무엇보다 혁명가였기 때문이다. 이러저러한 방식으로 자본주의 사회와 그것에 의해 창조된 국가 제도들의 전복에 기여하는 것, 최초로 그가 고유의 처지 및 욕구에 대한 의식 및 해방의 조건들에 대한 의식을 부여한 현대 프롤레타리아트의 해방에 기여하는 것이 그의 삶의 진정한 소명이었다. 투쟁은 그의 본령이었다. 그 사람처럼 열정적으로, 강인하게, 성공적으로 투쟁한 사람은 드물었다.

『정의론』
존 롤스, 이학사, 2003

공정은 능력주의가 아니라 최소수혜자 보호이다

존 롤스가 살았던 미국은 '성장 지향의 공리주의적 윤리'와 '시장 지향의 자유 지상주의'가 지배하고 있던 사회이다. 공리주의는 '행복의 총량을 늘릴 수 있다면 소수의 희생도 요구할 수 있다'는 입장을 지닌 윤리학설이다. 벤담(Jeremy Bentham, 1748~1832)의 '최대 다수의 최대 행복'이라는 구호는 이 같은 공리주의의 성격을 잘 보여준다. 이러한 분위기가 팽배한 가운데, 미국에서는 사회적·경제적 불평등이 심각한 사회문제로 떠오른다. 특히 최소 수혜자(그 사회에서 가장 혜택을 적게 받는 약자) 집단은 삶의 질이 악화되고, 삶의 안정성을 크게 위협받는 수준에까지 이르게 된다.

이때 미국 사회에 경종을 울리고 정의로운 사회로 나아가기 위한 윤리학설을 제시한 철학자가 바로 롤스이다. 그는 사회의 제일 덕목이 공리주의자의 말과 달리, 행복이 아니라 정의라는 점을 명확히 한다. 기본적으로 '사회정의는 성장이 아니라 공정한 절차에 따른 분배와 연관된다'고 생각한 것이다. 각자 자신의 조건이 유리하거나 불리함에 상관없이, 기만적인 이기주의를 극복하고 분배와 관련해서 공정성을 확보하는 것이 절차적 정의의 핵심이다.

롤스는 이 책에서 공정한 절차 구성을 거쳐 정의의 원칙에 합의하기 위해 '원초적 입장'과 '무지의 베일'이라는 장치를 도입한다. 원초적 입장이란 자신의 개인적 특성이나 사회에서의 위치를 모르는 무지의 베일을 덮어쓴 상태에서, 서로에게 무관심한 합리적 당사자들이 모든 사람에게 적용되기를 바라는 분배 원칙을 선택하는 가상적 상황을 말한다. 각 당사자들은 원초적 입장에서 무지의 베일을 덮어쓰고 있기 때문에 자기중심적인 관점에서 벗어나게 된다. 이 상황에서는 자신이 가장 열악한 계층이 될 가능성도 고려하지 않을 수 없기 때문이다. 이 경우 모든 사람, 아니면 적어도 사회의 최소 수혜자들에게는 이득이 되도록 정의의 원칙을 설정하지 않을 수 없다.

심지어 롤스는 사회적으로 가장 열악한 상태에 있는 최소 수혜자 집단에게 사회적 의사 결정 과정에서 거부권을 부여해야 한다고 주장한다. 실제 의사 결정 과정에서는 다수의 의견이 강요될 수 있기 때문에, 불리한 위치에 있는 사람들을 보호하는 장치가 필요하다. 그런 보호 장치 가운데 하나가 바로 최소 수혜자의 거부권 행사인 것이다. 누구나 (부도난 사업가처럼) 그 사회에서 불리한 위치에 놓일 수 있으므로, 이 제도는 사실상 모든 사람을 보호하는 장치라고 할 수 있다.

생애 연보

1632년 8월 29일 서머싯주 링턴에서 법률가의 아들로 태어나다.

1647년 웨스트민스터 기숙학교에 입학하다.

1652년 옥스퍼드의 크라이스트처치칼리지에 장학생으로 입학
하다. 수사학, 문법, 도덕철학 등 교과 과정에는 흥미를
느끼지 못하고 실험과학이나 약학 등에 관심을 갖다.

1656년 학사 학위를 취득하다.

1658년 석사 학위를 취득하다.

1660년 이후 5년간 옥스퍼드대학 교수로 재직하다.

1666년 앤서니 애슐리 쿠퍼 경을 만나 그의 가정의가 되다.

1668년 영국 왕립학회의 회원이 되다.

1671년 『인간 지성론』 초고를 집필하다.

1672년 프랑스를 방문하고 관직에 등용되다. 쿠퍼 경이 섀프츠
베리 1세 백작이 되다.

1673년 관직에서 파면되다.

1675년 프랑스에서 생활을 시작하다. 의학사 학위를 획득하여
의사가 되다.

1679년 영국으로 귀국하다.

1683년   휘그당의 제임스 2세 암살 계획 실패로 네덜란드로 망명
        하다. 섀프츠베리 1세 백작이 사망하다.
1688년   영국에서 명예혁명이 일어나 영국으로 귀국하다. 관직에
        재등용되다.
1689년   익명으로 『관용에 관한 편지』, 『정부론』을 출판하다.
1690년   실명으로 『인간 지성론』을 출판하고, 『정치론』을 저술하다.
1691년   관직에서 사퇴하다. 친구 프랜시스 경과 매섬 부인의 집
        인 오츠에 은거하다.
        휘그당의 정신적 지도자로서 영향력을 발휘하다.
1692년   『금리인하와 화폐가치 인상의 결과에 대한 몇 가지 고
        찰』을 출간하다.
1693년   익명으로 『교육론』을 출간하다.
1695년   익명으로 『기독교의 합리성』을 출간하다.
1700년   에식스에서 은퇴 생활을 시작하다.
1704년   10월 28일 사망. 죽기 직전에 『정부론』 등이 자신의 저서
        임을 인정하다.

참고 문헌

- 『정부론』의 원래 제목은 『정부에 관한 두 논문』이지만 이 책에서는 줄여서 『정부론』으로 부른다. 여기서 사용하는 『정부론』 판본은 표준적 비판본인 *Two Treatise of Government*, ed. P. Laslett, 2nd edn.(Cambridge University Press, 1967)이다. 이 책의 한글 번역본으로는 강정인·문지영이 번역한 『통치론』이 있다. 이 번역본은 로크의 전체 글 중에서 「제2론」인 '시민정부의 참된 기원, 범위 및 목적에 관한 시론'만을 담고 있다. 따라서 「제1론」인 '로버트 필머 경 및 그 추종자들의 그릇된 원칙과 근거에 대한 지적과 반박'이 빠져 있다. 이것에 관한 번역은 아직 없다. 그의 주요 저서 『인간 지성론』에 대한 제대로 된 번역본도 없다.

- 로크의 정치철학에 관한 글을 참조하려면 정치철학 글모음집인 *Locke: Political Essays*, ed. M. Goldie(Cambridge University Press, 1997)가 있다.

- 로크의 정치철학에 관해 서구 학자들이 쓴 좋은 글들이 많다.

  C. B. Macpherson, *The Political Theory of Possessive Individualism:
  Hobbes to Locke*(Oxford University Press, 1962): 황경식·강유원 옮김,
  『홉스와 로크의 사회철학』(박영사, 2002).

  Ruth W. Grant, *John Locke's Liberalism*(The University of Chicago
  Press, 1984).

  Neal Wood, *The Politics of Locke's Philosophy*(University of California
  Press, 1983).

  Jonn Dunn, *The Political Thought of John Locke: An Historical Account
  of the Two Treatises of Government*(Cambridge University Press, 1969).

  W. Euchner, *Naturrecht und Politik bei John Locke*(Frankfurt am Main:
  Suhrkamp, 1970).

  L. Strauss, *Naturrecht und Geschichte*(Suhrkamp, 1977): 홍원표 옮김,
  『자연권과 역사』(인간사랑, 2001).

  J. Tully, *An Approach to Political Philosophy: Locke in Contexts*
  (Cambridge University Press, 1993).

  위 책들 중에 맥퍼슨과 슈트라우스의 저작만이 번역된 것으로
  보아, 우리나라에서는 아직 로크에 대한 관심이 낮은 것을 알 수
  있다.

- 로크의 정치철학에 대한 번역된 입문서는 다음과 같다.

  어네스트 바커·존 던 등이 쓴 『로크의 이해』(문학과지성사, 1995)가
  있다. 이 책은 위의 참고 문헌 목록에 있는 책으로 유명해진 존 던

(John Dunn)이 쓴 로크에 대한 짧은 소개서가 포함되어 있는 것이 장점이다.

그리고 로크가 미국 혁명에 끼친 지적 영향사에 대한 좋은 책으로는 버나드 베일린의 『미국 혁명의 이데올로기적 기원』(새물결, 1999)이 있다.

마지막으로 필자가 쓴 『로크의 지성과 윤리』(한국학술정보, 2006)는 로크의 철학 전체에 대한 이해가 담겨 있다. 그리고 『자유주의는 윤리적인가』(한국학술정보, 2006)는 자유주의 담론을 그 창시자인 로크에서 신자유주의인 하이에크에 이르기까지 비판적으로 연구한 책이다.

• 자유주의를 옹호하는 신문으로는 다음과 같다.
　《조선일보》, 《동아일보》, 《중앙일보》, 《문화일보》 등이다.

• 자유주의를 비판하는 신문으로는 다음과 같다.
　《한겨레신문》, 《오마이뉴스》, 《프레시안》 등이다.

• 자유주의를 옹호한 책은 다음과 같다.
　더글러스 노스, 『제도·제도변화·경제적 성과』, 이병기 옮김, 자유기업원, 1996.
　밀턴 프리드먼, 『자본주의와 자유』, 최정표 옮김, 형설출판사, 1990.
　하이에크, 『자유헌정론』, 김훈 옮김, 자유기업원, 1998.

하이에크, 『치명적 자만』, 김훈 옮김, 자유기업원, 1998.

- 자유주의를 비판한 책은 다음과 같다.
  다니엘 벨, 『자본주의의 문화적 모순』, 김진욱 옮김, 문학세계사, 1990.
  마르틴·슈만, 『세계화의 덫』, 강수돌 옮김, 영림카디널, 1998.
  앤드류 수크무클러, 『시장경제의 환상』, 박상철 옮김, 매일경제신문사, 1998.

- 미국의 신자유주의적 보건정책의 문제를 다룬 영화로는 마이클 무어 감독의 〈식코〉(Sicko, 2007)가 있다.

- 미국의 대공황 시절 어려운 서민들의 삶을 그린 영화로는 론 하워드 감독의 〈신데렐라 맨〉(Cinderella Man, 2005)이 있다.

- 대한민국의 극단적 양극화 상황을 그린 영화로는 봉준호 감독의 〈기생충〉(2019)이 있다.

EBS [오늘 읽는 클래식]
로크의 정부론

1판 1쇄 발행 2021년 12월 30일

지은이 김성우

펴낸이 김명중
콘텐츠기획센터장 류재호 | 북&렉처프로젝트팀장 유규오
북매니저 박민주 | 북팀 박혜숙, 여운성, 장효순, 최재진
마케팅 김효정, 최은영
책임편집 표선아 | 디자인 정계수 | 일러스트 최광렬 | 인쇄 재능인쇄

펴낸곳 한국교육방송공사(EBS)
출판신고 2001년 1월 8일 제2017-000193호
주소 경기도 고양시 일산동구 한류월드로 281
대표전화 1588-1580 | 홈페이지 www.ebs.co.kr
이메일 ebs_books@ebs.co.kr

ISBN 978-89-547-6189-5 04100
     978-89-547-6188-8 (세트)